회원 · 제27집

각 원	 강기주	 강동기	 강봉중	 강부호
 강시일	 강신기	 강용숙	 강인숙	 강정식
 강춘기	 고산지	 고재구	 고창표	 공정식
 곽광택	 곽정숙	 구춘지	 권복술	 권순악
 권영숙	 권영주	 권오견	 금동건	 김건배
	 김경언	 김관형	 김광수	 김기순

(사)한국시인연대

김기전	 김낙연	 김남구	 김동석	 김동애
 김동익	 김　백	 김병철	 김복만	 김사달
 김상학	 김서연	 김석태	 김선옥	 김선우
 김선종	 김성일	 김성자	 김수경	 김수야
 김순녀	 김연하	 김영돈	 김용길	 김인식
 김정완	 김종기	 김종원	 김주옥

회원 · 제27집

| 김진동 | 김태수 | 김태자 | 김학순 | 김해성 |

| 김효겸 | 김훈동 | 노민환 | 노선관 | 노연희 |

| 노준현 | 도경회 | 류순자 | 류재상 | 류한평 |

| 리창근 | 맹인섭 | 문영이 | 문인선 | 박건웅 |

| 박경인 | 박근모 | 박달재 | 박대순 시 | 박대순 시조 |

| 박래흥 | 박명희 | 박병수 | 박상교 |

(사)한국시인연대

 박서정
 박선숙
 박수성
 박숙영
 박순자

 박연희
 박영덕
 박영숙
 박영춘
 박용하

 박일소
 박정민
 박준상
 박진남 해원
 박행옥

 박현조
 박화배
 박희익
 배갑철
 배동현

 배석술
 배종숙
 서원생
 서정남
 성진명

성진숙
 성환조
 성후모
 손병기

회원·제27집

손수여	손진명	송연우	신다회	신대주
신동호	신세현	신윤호	안숙자	양남하
양지숙	엄원용	여학구	오낙율	오병욱
오칠선	우성영	우태훈	원수연	유경환
유나영	유양업	윤한걸	이근모	이기종
	이나열	이동근	이만수	이명우

(사)한국시인연대

회원 · 제27집

장문영	 장병민	 장영옥	 장인숙	 장현기
 전병철	 전현하	 정동수	 정득복	 정상열
 정순영	 정애진	 정영의	 정용식	 정정순
 정종규	 정주이	 정진덕	 조기현	 조덕혜
 조병서	 조성학	 조재화	 조정일	 조혜식

조혜자    지종찬    진진욱    차경섭

(사)한국시인연대

차주성	 채규판	 채동규	 채명호	 채수황
 채행무	 천난경	 최광호	 최상호	 최영순
 최완욱	 최용대	 최유진	 최정수	 최정순
 최진만	 최현희	 최홍규	 추경희	 표애자
 하성용	 한 빈	 한승민	 함지은	 허만길

현종길   홍계숙   황조한

(사)한국시인연대 2017

한국시인연대 대표시선 제27집

한강의 영(永)언(言)

한강

발간사

시인의 존재와 시의 힘
— '한국시인연대 대표시선' 제27집 발간에 부쳐

    만화방창萬化方暢 양춘가절陽春佳節이다. 봄이 되면 생각나는 두 편의 시가 있다. 김소월의 시 〈금잔디〉 "잔디 잔디 금잔디/ 심심산천에 붙는 불은/ 가신 임 무덤가에 금단지/ 봄이 왔네 봄빛이 왔네…." 그리고 대학에서 배우고, 가르친 영국 르네상스 시대 시인 토머스 내쉬Thomas Nashe(1567~1601)의 시 〈봄, 향기로운 봄Spring, the Sweet Spring〉 "봄, 향기로운 봄은 한 해의 유쾌한 왕이다/ 봄에는 온갖 꽃이 피고, 처녀들은 둥그렇게 모여 춤춘다/ 추위는 물러가고 어여쁜 새들이 노래한다." 올해도 어김없이 '한국시인연대' 회원 231명 시인의 460편의 시를 한데 묶어 스물일곱 번째 사화집詞華集·Antholgy을 발간하게 되어 매우 기쁘다.

    이번에는 책명을 『한강의 영언永言』이라고 지었다. 우리나라 문학의 고전 중의 고전인 『청구영언靑丘永言』에서 힌트를 얻었다. 『청구영언』은 조선 영조英祖 4년(1728)에 김천택金天澤이 엮은 시조집이다. 현존하는 시조집 중에서 가장 오래된 것으로 『해동가요海東歌謠』, 『가곡원류歌曲源流』와 함께 3대 가집歌集으로 일컬어지고 있다.

고려 말부터 편찬 당시까지의 시조 998수와 가사 17편을 곡조 별로 분류 정리한 것이다. 시조時調는 고려 말부터 발달하여 온 우리나라 고유의 정형시로서 그 형식에 따라 평시조, 엇시조, 사설시조 등으로 나뉘어진다. 시조는 실로 한국문학의 원류이며 모태다.

회원 K시인이 전화로 '한국시인연대'의 '연대'를 한자로 어떻게 쓰느냐고 물어서 사화집 27집 발간사에 한자를 넣겠다고 말했다. '연대連帶'는 오래전부터 널리 쓰이며 우리에게 매우 익숙한 말이다. 단체 명칭을 영어로 쓸 때는 그 단체의 구성 규모에 따라서 'Association' 또는 'Society'가 세계적으로 널리 쓰인다. 사단법인 한국문화예술연대韓國文化藝術連帶·The Association of Culture and Art of Korea(이사장 최광호崔光鎬) 산하에 한국시인연대韓國詩人連帶·The Society of Korean Poets와 한국수필가연대韓國隨筆家連帶·The Society of Korean Essayists가 있다. 단체의 성원成員들이 자신들의 취향이나 목표가 같은 일에 참여한다는 생각을 연대의식連帶意識이라고 한다. 중국어에서는 연대와 같은 뜻으로 연수聯手라는 말을 쓴다. '손을 마주 잡는다'는 뜻이다. '연대'는 우리 회원들이 같은 책에 실린 작품을 함께 읽으면서 스스로 문학 수업을 하며 손과 마음을 마주 잡는 것이라고 생각한다. 그런 의미에서 매우 좋은 명칭이라고 생각한다.

월간 《문학공간文學空間》 최광호 주간은 2018년 2월호(통권 339호) '문학공간 메시지'의 〈시인의 사명〉에서 "거짓과 진실의 논쟁은 우리의 현실을 답답하게 한다. 이러한 시대에 작가가 시대의 모순을 주시하고 인간의 존엄성을 지키고자 붓끝을 곧추세워야 함은 말할 나위 없다. 바로 이 사회에서 거짓으로 인해 실종된 가치를 회복시키고, 사회에 만연한 독선과 편견에 대해 각성하며 경제 성장의 흐름 아래 물신화되어 가는 인간 사회에 대해 보다 고민해야 한다."고 설파했다.

물질 우선주의로 비인간화되어 가는 시대에 시인들은 숭고한 시적 상상력과 치열한 시 정신으로 다져진 사유와 성찰을 모국어를 통하여 노블레스 오블리주noblesse oblige를 실천해야 한다. 시인이라는 신분에 따르는 의무를 시인의 창작 작품으로 변용하는 것만이 '시인의 존재와 시의 힘'을 발휘하는 것이다. 예측하기 어려운 변화의 세상에서 변하지 않는 올바른 가치관을 시 창작으로 형상화해야 한다. 오늘의 시인들은 시대 정신을 꿰뚫고 각자의 창작 태도를 가다듬어 볼 필요가 있다. 이 사화집을 읽으면 동시대의 다른 시인들과의 문학적 교류의 관계를 이룰 수 있을 것이다. 또한 타자의 시 속에서 새로운 가치와 의미를 발견할 수 있을 것이다.

사단법인 한국문화예술연대 최광호 이사장은 문화예술인들이 관심을 보이는 공익 사업을 진행하고 있다. 그의 고향 경남 고성에 문화예술 종합공원을 만들고 있다. 그 공원에 시비와 문화예술 공적비를 세우려고 한다. 최 이사장은 시간과 공간을 넘어 미래지향적인 원대한 비전을 가진 분이다. 많은 회원들의 관심과 협력을 바란다.

4차 산업혁명을 맞아 급변하는 세상 속의 다양한 가치관의 갈등 속에서 문학을 통해 시대를 올바른 방향으로 이끈다는 것은 용이하지 않다. 하지만 시대의 부름에 응답하는 글쓰기를 하는 작가라면 자기 구원으로서의 문학이든 나아가 사회 구원으로서의 문학이든 그릇된 모순에 저항해야 할 필요가 있다. 문학의 힘이 우리가 살고 있는 시대에 성찰의 힘으로 환치되어 윌리엄 워즈워스가 말한 "치유의 힘healing power"를 이끌어내야 한다. 자본의 가치가 세상을 지배하는 시대에 인간 삶의 본질과 사회가 지켜 나가야 할 올바른 방향을 제시하는 역할을 오늘의 모순 속을 살아가는 작가들이 해야 한다. 시인의 존재 가치를 이와 같은 맥락에서 짚어볼 수 있다. 시의 힘은 우리에게 구원의 빛으로 인간의 삶을 정신적으로 풍요롭게 할 수 있다는 희망으로 작용하여 인간 심성을 정화할 수 있다.

한국시인연대에 새로 가입하고 사화집에 처음으로 참여한 20여명의 회원들을 진심으로 환영한다. 함께 시를 읽고, 시를 쓰면서, 시를 사랑하는 문학인 되기를 간절히 바란다. 사화집 27집을 마무리하여 발행하게되니 영국 낭만주의 시인 윌리엄 워즈워스William Wordsworth(1770~1850)의 "어린 시절 회상에서 영생불멸을 깨닫는 시"의 마지막 패시지가 떠오른다.

> 또 다른 경주競走가 끝나고
> 또 다른 종려관棕櫚冠이 획득되었다,
> 우리의 삶의 바탕인 인정 덕택에
> 인정의 온정과 기쁨과 두려움 덕택에
> 내겐 피어나는 가장 보잘것없는 꽃도
> 눈물 흘리기엔 너무 깊이 깔린 생각들을 주는구나.

일반적으로 문학 작품은 현실과 상관관계를 가진다. 문학 작품 중에서 현실과 가장 소원한 것이 시이며, 시 가운데서도 서정시가 현실과 가장 먼 위치에 있다. "반짝이는 아침 이슬, 눈부신 태양, 찬란한 저녁노을"과 같은 표현은 서정성이라기보다는 여과되지 않은 과잉 감정에서 오는 '상투적인 문구를 많이 쓴 시', '국어큰사전'과 '방언사전'에도 없고, 신문 잡지에서도 본 적이 없는 자기가 만들어 자기 혼자 쓰는 단어를 여러 개 쓴 시, 산문시라기보다는 정리되지 않은 수필과 같은 시, 시어, 구조 및 서술이 시의 문법에 크게 어긋나는 시 등 10여 편을 사화집에 넣지 않았음을 첨언한다. 해당된 분들은 너그럽게 이해하기 바란다.

2017년 12월
(사)한국시인연대
회장 최 홍 규崔鴻圭

발간사　최홍규 崔鴻圭

(사)한국시인연대

25 /땡초라고 외 1편　각　원
27 /화개동 편지 외 1편　강기주
29 /그리운 것은 떠난다 외 1편　강동기
31 /새가 된 형수 외 1편　강봉중
33 /초복 외 1편　강부호
35 /엎드리다 외 1편　강시일
37 /행복하게 사는 것에 대하여 외 1편　강신기
39 /이생을 살다 보니 외 1편　강용숙
41 /빈집 외 1편　강인숙
44 /그리운 사람들 외 1편　강정식
46 /코스모스 길 외 1편　강춘기
48 /방관자 외 1편　고산지
51 /이 가을을 마시다 외 1편　고재구
53 /궁상 외 1편　고창표
55 /그리움 외 1편　공정식
57 /사랑은 외 1편　곽광택
59 /도마 외 1편　곽정숙
62 /꽃은 사랑이다 외 1편　구춘지
64 /굴레 외 1편　권복술
66 /게국지 외 1편　권순악
68 /풀꽃 사이로 하늘이 보인다 외 1편　권영숙
71 /성공의 길 외 1편　권영주
74 /손 외 1편　권오견
76 /소꿉놀이 외 1편　금동건
78 /별빛 신정호 외 1편　김건배
80 /화장술 외 1편　김경언
83 /기술의 맥 외 1편　김관형
85 /생선 외 1편　김광수

목차

김기순 기분 좋은 말 외 1편/ 87
김기전 길러 내야 한다 외 1편/ 89
김낙연 정 외 1편/ 91
김남구 창가의 시간 외 1편/ 93
김동석 누름돌 외 1편/ 95
김동애 들꽃 외 1편/ 97
김동익 바람 따라 길을 가다 외 1편/ 99
김 백 무궁화꽃이 피었습니다 외 1편/ 101
김병철 지난날의 풍경 외 1편/ 103
김복만 기억이 낙엽 지다 외 1편/ 107
김사달 가을 스케치 외 1편/ 110
김상학 하나 되어 외 1편/ 112
김서연 시간의 여유 외 1편/ 114
김석태 소나기 외 1편/ 116
김선옥 나무의 꿈 외 1편/ 118
김선우 하얀 코스모스 외 1편/ 121
김선종 꽃물 외 1편/ 123
김성일 누가 묻는다면 외 1편/ 125
김성자 가을날의 사색 외 1편/ 128
김수경 나이테 외 1편/ 130
김수야 지금 외 1편/ 132
김순녀 소백학교 외 1편/ 134
김연하 망향의 봄 외 1편/ 136
김영돈 정절 외 1편/ 139
김용길 달빛 고운 옥색 저고리 외 1편/ 142
김인식 가고픈 고향 땅 외 1편/ 144
김정완 시의 숨소리 외 1편/ 147
김종기 가는 세월 외 1편/ 149
김종원 산문 외 1편/ 151
김주옥 서툰 사랑 외 1편/ 153

(사)한국시인연대

155 /이상한 동물 외 1편　김진동
159 /백두산 가는 길 외 1편　김태수
161 /골목길을 지나며 외 1편　김태자
163 /나비 마을 외 1편　김학순
165 /가을 외 1편　김해성
167 /금비녀 외 1편　김효겸
169 /단비의 광시곡 외 1편　김훈동
171 /장대비 내리는 날에는 외 1편　노민환
173 /가을의 뒷모습 외 1편　노선관
175 /죽순 외 1편　노연희
177 /새벽 종소리 외 1편　노준현
179 /봄 외 1편　도경회
181 /대청호에서 외 1편　류순자
183 /집 없는 시인의 집 외 1편　류재상
187 /황혼의 인생 행복 외 1편　류한평
190 /아버님 전 상서·1 외 1편　리창근
192 /쇼팽의 독주회를 만나고 외 1편　맹인섭
194 /몽화 외 1편　문영이
196 /가을 바다와 여인 외 1편　문인선
199 /클레파티스 외 1편　박건웅
201 /능소화 외 1편　박경인
203 /제암리 순국기념관 외 1편　박근모
205 /여행길 외 1편　박달재
207 /곱셈을 해봐요 외 1편　박대순 시
209 /짝을 먼저 보내고 외 1편　박대순 시조
212 /나이테 외 1편　박래흥
214 /가을 소묘 외 1편　박명희
216 /토란 외 1편　박병수
218 /바람[願]·2 외 1편　박상교
220 /별이 빛나는 섬 외 1편　박서정

목차

박선숙　새 외 1편/ 222
박수성　자작나무 외 1편/ 224
박숙영　기억의 부재 외 1편/ 226
박순자　엄마의 수묵화 외 1편/ 228
박연희　기억해야 할 법칙 외 1편/ 230
박영덕　반려견 시대로 외 1편/ 232
박영숙　어머니 외 1편/ 234
박영춘　그때 그 사람 외 1편/ 236
박용하　백화산 풀벌레 외 1편/ 238
박일소　가을 바다 외 1편/ 240
박정민　단풍 드는 날 외 1편/ 242
박준상　목포 아리랑 외 1편/ 244
박진남해원　백팔 계단 외 1편/ 246
박행옥　애야! 힘들 땐 사진을 보렴 외 1편/ 248
박현조　바람의 시계 외 1편/ 251
박화배　떡갈나무 빗소리처럼 외 1편/ 253
박희익　고통 외 1편/ 255
배갑철　같은 길 외 1편/ 257
배동현　민들레 외 1편/ 259
배석술　꿈 외 1편/ 261
배종숙　쌀밥 외 1편/ 263
서원생　그리움 외 1편/ 265
서정남　민들레 홀씨를 보며 외 1편/ 268
성진명　기도 외 1편/ 270
성진숙　초화화 외 1편/ 272
성환조　단풍 드는 매봉산 외 1편/ 274
성후모　쓰러진 가을 대화 외 1편/ 276
손병기　사랑의 보금자리를 푸짐하게 가꾼다 외 1편/ 278
손수여　지금도 그래도 외 1편/ 280
손진명　어머님은 영원한 고향 외 1편/ 282

286 /용안사가 담은 풍경 외 1편	송연우
288 /부탁합니다 외 1편	신다희
290 /서강의 봄 외 1편	신대주
292 /간병인의 기도 외 1편	신동호
294 /초하 외 1편	신세현
296 /가치관 외 1편	신윤호
300 /기러기 외 1편	안숙자
302 /경축, 임태근 어머님 팔순 외 1편	양남하
304 /수박 외 1편	양지숙
306 /사과 솎아내기 외 1편	엄원용
308 /이렇다 외 1편	여학구
310 /그대를 사랑했노라 외 1편	오낙율
312 /우주에 대하여 외 1편	오병욱
314 /참자유란 외 1편	오칠선
317 /고향 집 외 1편	우성영
319 /칠 일간의 사랑 그 첫째 날 외 1편	우태훈
321 /여름날 외 1편	원수연
323 /토끼바위의 노래 외 1편	유경환
325 /만남의 강 외 1편	유나영
327 /지구의 녹색화 외 1편	유양업
329 /나는 누구인가 · 138 외 1편	윤한걸
332 /이부자리 둥지 외 1편	이근모
334 /갈대 외 1편	이기종
336 /장마 · 1 외 1편	이나열
338 /날짓 날짓 외 1편	이동근
340 /친구야 놀자 외 1편	이만수
342 /산골 풍경 · 782 외 1편	이명우
344 /가을 노을에 서면 외 1편	이서연
346 /움직임 외 1편	이선영
348 /겨레의 서시 외 1편	이성남

목차

이수일　풋사랑 외 1편/ 350
이순우　몽돌 외 1편/ 352
이영순　우리 동네 외 1편/ 354
이용우　가을 환상 외 1편/ 356
이우재　정든 아리랑 외 1편/ 358
이원상　낙화 외 1편/ 360
이은협　묵묘 외 1편/ 362
이인오　망각 외 1편/ 364
이재곤　매화 찬 외 1편/ 366
이재성　가면 외 1편/ 368
이정님^{이룻}　홍학 외 1편/ 370
이정자　이 가을에는 외 1편/ 372
이종문　사월 외 1편/ 374
이종수　뻥튀기 외 1편/ 376
이지언　비 내리는 풍경 외 1편/ 379
이진석　추상화 외 1편/ 381
이처기　남강의 가인들이여 외 1편/ 383
이한식　민들레 외 1편/ 385
이형환　마음의 돌탑 외 1편/ 387
이호연　백합 향기 외 1편/ 389
이호정　극락의 눈물 외 1편/ 391
임규택　강변역 포장마차 외 1편/ 394
임성한　어디에만 있을까 외 1편/ 396
임제훈　내 계절 외 1편/ 398
임　향　초승달 외 1편/ 400
장동석　도시 가로수 외 1편/ 402
장문영　호미등 여인 외 1편/ 405
장병민　세종대왕 외 1편/ 408
장영옥　양귀비 언덕/ 410
장인숙　떡잎 외 1편/ 411

413 /가을 그리고·11 외 1편	장현기
415 /어머니라는 이름으로 외 1편	전병철
417 /산정소묘 외 1편	전현하
420 /가을 편지 외 1편	정동수
422 /시간이 가네 시간이 오네 외 1편	정득복
424 /감나무를 보며 외 1편	정상열
426 /고향 집에 가면 외 1편	정순영
428 /말랑말랑한 것에 대하여 외 1편	정애진
430 /여명 외 1편	정영의
432 /추석 전에 외 1편	정용식
434 /인연의 날개 외 1편	정정순
436 /그믐밤 외 1편	정종규
438 /향일암 외 1편	정주이
440 /시의 모습·5 외 1편	정진덕
442 /모정의 노래 외 1편	조기현
444 /너에게로 외 1편	조덕혜
446 /미워할 때 외 1편	조병서
448 /홍난파 상 앞에서 외 1편	조성학
450 /떠난 사람 외 1편	조재화
453 /좌판 찻집 외 1편	조정일
455 /시를 쓰는 나의 하루 외 1편	조혜식
457 /눈물 외 1편	조혜자
460 /첫사랑 외 1편	지종찬
462 /님, 그리운 밤 외 1편	진진욱
465 /아리랑·1 외 1편	차경섭
467 /어떤 장터 외 1편	차주성
469 /나를 지배해 주시오 외 1편	채규판
471 /수선화 외 1편	채동규
473 /동제사 외 1편	채명호
475 /해운대 해변 외 1편	채수황

(사)한국시인연대

목차

채행무	산정호수 외 1편/	477
천난경	침실 외 1편/	479
최광호	담론/	482
최상호	다보탑 곁에서 외 1편/	484
최영순	찔레꽃 향기처럼 외 1편/	486
최완욱	풍경 소리 외 1편/	489
최용대	추억 외 1편/	491
최유진	사월 어느 날 외 1편/	495
최정수	차에게 외 1편/	497
최정순^{박현}	이름 없는 들꽃에게 외 1편/	499
최진만	할머니의 벽 외 1편/	501
최현희	다테야마 알펜루트를 가다 외 1편/	503
최홍규	명동 여자들 맵시 외 1편/	505
추경희	경계·1 외 1편/	507
표애자	바다 그 속에는 외 1편/	509
하성용	가뭄 외 1편/	512
한 빈	가을 향기 외 1편/	514
한승민	시그널 외 1편/	517
함지은	산 외 1편/	519
허만길	닮은 꽃 외 1편/	521
현종길	메밀꽃 환한 날 외 1편/	523
홍계숙	확인된 사랑 외 1편/	525
황조한	편지를 쓰련다 외 1편/	527

한국시인연대상 운영에 관한 세칙
한국시인연대 제14대 임원

(사)한국시인연대 2017

한국시인연대 대표시선 제27집

한강의 영(永)언(言)

땡초라고 외 1편

각│원│

이 몸을 두고 땡초라고
그대들은 나를 잡고 있소이다

이 몸뚱아리가 모자라는 중놈이라면
그대는 무엇이려오

땡초라고 하지 말게나
그대만큼은 양심의 선을 긋고
그대만큼은 지식과 학식도 있소이다

그대는 애미 애비의 역할에서
땡초는 아니옵니까?

그대는 아들 딸 노릇을 잘합니까?
땡초 같은 딸 아들은 아니옵니까?

땡초의 세상살이에서
'하문하시옵소서'
높고 깊이 하심하오리다.

어느 특효약

원산지: (주)망할민국
생산지: (주)망할민국
제조사: (주)여의민국 인민해방전선
유통기간: 동해물과 백두산이 마르고 닳도록….
사용처: 아가빠리 씨불이는 연놈들
      공기업에 지랄병 걸린 연놈들
      주둥아리로 선거하는 연놈들
      법으로 우리를 판단하는 연놈들
      뻥씨같이 선거하여 씨불이는 연놈들
      ×을 뽑아 튀겨 먹을 금융권 연놈들
      고양이×으로 빠진 법꾸라지 연놈들
      여의민국 인민해방전선에서 까는 소리 하는 연놈들
      등등의 모두에 해당됨
주의사항: 구석구석이 오염되어 있으니 조심, 명심할 것
      특히 여의공화국 연놈들은
      더욱 경계하고 절대로 믿어서는 안됨.

화개동 편지 외 1편

강│기│주│

화개동 계곡에는
돌들이 흐르더라
물들도 따라 흘러
따라 흐른 세월 속엔
별들이 마실 오는 날
수줍어하는 꿈의 동천

바람도 따라 흐른
푸른 산 푸른 계곡
인연의 눈빛들이
꽃맘처럼 살던 곳엔
사랑도 쉬었다 가네
꽃이 피네 꽃이 지네.

찻잎을 따며

새들의 서러운 노래
손끝에서 묻어난다
잠을 턴 어린순들
봄 햇살 푸르른 날
꿈들은 가슴에 누워
물갈이를 지켜본다

이젠 솔바람의 뜨락에서
물소리를 듣고
그대 깊은 숨소리에
체온을 달구던
그러한 날들의 곁에
나를 다시 누인다.

그리운 것은 떠난다 외 1편

강│동│기│

황금빛 들판 메뚜기 잡던 어린 시절 그립고
옛 동산 그윽한 아카시아 향기 그리운 건
가슴속 파고드는 아련한 추억 때문이리라
떠난 화살은 되돌릴 수 없는데
아쉬운 미련 가진들 무엇하리오
그리운 것은 떠난다

청정무구한 개울물 소리 그립고
이슬 젖은 풀벌레 우는 소리 그리운 건
가는 세월 아쉬워 감상에 빠져들기 때문이리라
깨어진 거울은 다시 비출 수 없는데
무장무장 그리워한들 무엇하리오
그리운 것은 떠난다.

인생 유한

마른 잎에도 그리움은 싹트는데
바람은 불고 날은 저물어 가고
세월도 흐르고 나도 가네

부러진 나뭇가지에도 희망은 움트는데
별은 지고 빛은 사라지고
사랑도 가고 너도 가네

고목나무에도 꿈은 영그는데
닭은 울고 새벽은 가고
꽃도 시들고 우리 인생도 가네.

새가 된 형수 외 1편

강｜봉｜중

이십대 청춘에 모진 병이 찾아들어
한사코 떠나지 않아 이승 떠난 형수의
제삿날

야삼경 젯상 머리로 참새 한 마리 날아들어
방구석 쌀가마 위에 앉았었다
어른들은 쫓지 말라며 그냥 보고 있었는데
오래지 않아 열린 문으로 날아가 버렸다

하필 제삿날 그것도 밤중에 참새가 방 안으로
날아드니 형수가 새가 되어 찾았는지 모른다

불빛 보고 우연히 찾아온 새인지 형수의
영혼의 새인지 몰라도 내가 겪은 참으로
신이한 일이었다.

아버지의 노래

아버지가 벼논에서 피사리 중에
목쉰 소리로 노래를 부른다

아들이 두렁에서 소 풀을 뜯기면서
아버지는 음정 박자 못 맞추는 음치라고
생각한다

뒷날 아들이 트럭을 운전하는 기사가 되고
고속도로를 달리며 노래를 부르니 옆자리의
아들이 아버지는 노래가 서툴다고 핀잔 준다

그제야 피사리하면서 불렀던 아버지의 노래가
즐기는 게 아니고 괴로움을 뱉어내는 한탄임을
깨닫고 속눈물을 흘린다.

초복初伏 외 1편

강 부 호

귀뚜리 귀뚜리 요란한 소리
장대한 귀뚜라미들이 설치는 걸 보니
소서小暑가 지나고
복伏날이 왔구나 싶다

저놈들이 먼저
복달임을 해치웠는지
오동통한 자태가
왕귀뚜라미 행세다

일찍부터 짝을 찾는 투쟁은
예사롭지 않은 투사의 모습으로
여저기 자기과시에 열을 품는데
장독대 하얀 박꽃이 생긋이 웃고 섰네.

능소화

여름 열기 탓인지
들꽃들도 잠시 쉬었는데

유독 무리 무리로 엉킨 듯
고가古家의 낡은 돌담을 타고

화안한 표정의 미소로
얼굴 내민 능소화凌霄花

끓어오르는 화를 삭이셨나
속살 깊은 미미한 향기까지

계절의 시공을 잘 이어 주는
깊은 마음의 표본 같구나

네, 은유隱喩로 담금질된 모습에서
상생의 근본을 알겠으리.

엎드리다 외 1편

강│시│일│

무리에서 튕겨져 나와
시장 바닥에 납작 엎드린 가자미를 본다

돌아가는 세상에 사고의 틀을 고정하고
머리통보다 크게 굴리는 눈알
종잇장처럼 얇아진 몸피
자존심은 서푼쯤 남아 있을까
허파통은 온몸에 깔아도 무호흡증 오기 십상이겠다
처자식이 어른거렸나
세상 중심 기울 것을 걱정했었나

제멋대로 오른팔 휘두르는 것들을 향한
울컥 치밀어 오르는 분노
몸통만 부풀리고 헛소리 높이는 것들의
대갈통을 내려치고 싶을 것이다
영혼까지도 팔아치우고 싶어지는 장날
제각각 색깔로 두런거리는 사이
바닥을 훑고 있는 가자미와 눈이 마주친다
하고 싶은 말을 삼킨다
속으로만 C8

한 집안의 가장이
세상의 부력을 온몸으로 견디는 중이다.

손목시계

장롱 깊숙이 묻어 두었던 꿈을 꺼냈다
온몸으로 감겨드는 금속의 이질감
까마득하게 잊었던 시간들을 깨운다

생각하면 부끄러운 일들도
더러 스스로 칭찬해 주고 싶은 그런 기억까지

공부하고 성적표로 평가받는
그 소소한 권태에서 탈출하려던 몸부림
직장 상사의 못마땅한 처사에
꿈꾸던 자영업

하고 싶은 일
가지고 싶은 것들을 위해
손목 위에 올려진 째깍거리는 저 욕망
몇 바퀴라도 되돌리고 싶지만
촘촘하게 등분해 톱니바퀴로 맞물린 세상사
나만의 시간이 아닌 거다

시험장으로 가는 열차
자꾸만 철컥철컥 나를 먹는다.

행복하게 사는 것에 대하여 외 1편

강│신│기│

안개로 담을 두르고
바람을 잡아 사립문 만들어
내 것 네 것 가림 없이
허접한 생각 비워 내고
어린애처럼 옹알이하며 사는 사람아

뒷짐 지고 어정거리다가
서산에 초승달 숨어 버리면
하루의 이야기
일기장에 잡아두고
꿀맛 같은 꿈으로의 초대

가진 것 없어
걱정도 그만큼만
늙마에 욕심 없이
그렇게 그냥
살아가는 친구가 몹시 부럽다.

오늘의 의미

습관처럼 일어나
향긋한 봄 냄새에 배불리고
포근한 하루를
맞는다

같은 것 같지만
어제같이 살아갈 수 없어도
어려움을 이겨내고
세월을 뜨개질하듯
바쁠 것 없는 발걸음으로 하루를

이생을 살다 보니 외 1편

강|용|숙|

그 시절
삶의 서러울 때 오니
밝은 달은
단풍 피운 호수에 찰랑이 타 놀고

사계절 초승달
괴로운 낮과 밤 견디다
둥근 달 되어도
원치 않은 초승달로 되돌아가듯
힘겨운 삶은
나를 버리지 못해 동거한 그 시절

새들이
놀다 간 버들가지 곁에
홀로 울고 울어도
귀뚜리들도 지들 합창만 한 이곳이네

이생을 살다보니
가족과 행복하게 이곳에 앉아
살아온 이야기
귀뚜리들도 듣는 고요한 밤
그 세월에 눈물이 지금의 함박웃음꽃을 피우네.

아름다운 나의 꽃 이름

산과 들에 아름다운 숲은
주어진 이름 품고
거짓 없이
진실한 잎과 향기 피우네

시리는 바람에 잎 다 지운 생명체
차디찬 흙에 생을 부지하다
피어나는 계절 알고
그 이름의 본심 싹 피운다

사람이 태어나면
고르고 골라서 지어 준 꽃 이름
무지와 탐욕
이름 꽃 피우라 지어 주었을까

이생의 삶 몇만 리 길에
없고 있음 떠나
선행의 꽃 이름 향 가득 피워
후손들이 존경하는 선인先人 되고
어이해 생을 떠나도
족보에 성명姓名의 향기
자손이 사랑하며 풍기도록
아름다운 나의 꽃 이름의 이생 길을.

빈집 외 1편

강|인|숙

내 어린 시절의 산 아래
산빛 닮은 작은 집 있었다
호미 낫 던져진 흙 마당 앞엔
큰 무쇠솥만 한 연당 하나 있다

낮엔 해가 붉은 연꽃으로
와 있는 집
산모롱이까지 졸음에 겨운 적막이
자물쇠 채워 놓았다

뿌리 줄기 꽃
삼생三生의 연 여기 있다
흰 연꽃으로 갠 달을
누가 밤의 옷깃에 꽂아 두었다
물색 가둔 정갈한 수궁水宮
어느 발길도 허락하지 않은
적적함이 담백하여 현란했다

얼마나 애쓴 수행의 결과여서
비운 뿌리 속 드러내지 않은 채
전생의 아득한 깊이에서 저리 편안하다

가슴에 부딪히는

무언가 알 것 같은 인연
무언지 모르지만 놓쳐 버린 듯
그때 그 산 메아리 내 기억의 물결 만들고 있다.

그 여름

어두움을 타고
별이 오면
통나무다리 그 냇가

물 냄새 묻은
작은 돌 구르는 소리
날 찾는다

발자국 남겨진 통나무다리에는
새벽이 오도록
무수한 별들만이 건너고 있다

물속 젖은 길도 지우지 못해
밤새 오는 별같이
아침이 오면 물길 따라가고 있겠다
우리들의 시간을 쫓아서.

그리운 사람들 외 1편

강｜정｜식

그리움이 없는 사람이 있을까?
눈 뜨고 안 보이지만
눈 감으면 떠오르는 그 사람들

지금은 생각조차 못할 일인
먹을 게 없어 굶주리던 때
떨어진 바지저고리 기워 입고
바닥이 다 닳아서 거죽만 남은 신
이불이 없어 왕골자리를 덮고 잤지
그때의 사람들이
몹시도 그리운 사람들이지

우리는 이제 잘 사는가?
꼭 바라는 것은 없지만
지극정성으로 열심히 해야 할 일도
이제는 없고
그때 그 사람들이 살다간 흔적들을
찾아보고 그리움도 덧칠하고
그냥저냥 살다 보면
나도 그 어떤 이에게 그리움의
대상이나 되려는지.

내 곁을 떠난 사람들

사람이라면
누구에게나 곁에 있다가
다시는 돌아올 수 없는
먼먼 곳으로
떠난 이들이 있다네
그네들의 사연이야 다 있겠지만
그것은 중요하지 않다네
다만 내 곁에서 떠나
또는 만나지도 못하고
볼 수도 없는 이들이기에
더욱 그리움만 잔뜩
안겨준 걸.

코스모스 길 외 1편

강|춘|기|

햇살이 바람의 간지럼에 미끄러질 때
여독 짊어지고 돌아가는 길손에게
산길과 들길을 돌아 햇빛 보듬고 피어난 꽃
절하며 손 흔들고 웃으며 정을 줍니다

오늘도 해는 서산으로 이울어 들 때
세월의 강물은 노을 속에
한결같이 먼 뒤란의 추억을 곱씹으며
강물 속 꽃들을 하나 둘 건져냅니다.

곶감

옷을 홀라당 벗고
전위예술가의 몸짓으로
허공으로 뛰어올라 그네를 타고
기적 일으킬 햇볕과 바람을
수천의 입으로 빨아먹고
창조의 그날처럼 생성의 힘
가이없는 시간과의 싸움에서
또 하나의 세계를 창조하노니
백설 같은 옷으로 갈아입고 나면
그대 함자만 들어도 백두산 호랑이도
삼십육계 줄행랑을 쳤다는데
변하고 변하는 생성의 힘이
또 하나의 세계를 풍요케 한다.

방관자 외 1편

고｜산｜지｜

불편해서 외면하는 당신은 방관자傍觀者
두려움에 숨죽이는 당신은 방조자幇助者

두려움 때문에 행동하지 않는 양심良心
그들의 양심 때문 세상이 혼탁하네

동참하지 않으면 우리 모두 방관자
행동하지 않으면 우리 모두 방조자

불편하고 두려워 모르는 척 외면하면
당신은 방관자 죄를 범한 방조자

방관하는 양심 때문 소문이 확산되고
거짓이 사실로 변질되는 사회에서

막연한 소문이 뉴스로 포장되어
소문이 진실처럼 횡횡하고 있다네

동참하지 않으면 우리 모두 방관자
행동하지 않으면 우리 모두 방조자

불편하고 두려워 모르는 척 외면하면
당신은 방관자, 죄를 범한 방조자

행동하지 않는 양심 죄악을 조장하고
동참하지 않으면 변화시킬 수가 없네

불편함을 감수하고 두려움을 극복하여
세상을 바꾸라는 하늘 소리 무시하면

당신은 방관자傍觀者, 죄를 범한 방조자幫助者.

자리

자리 좁다고 투덜거렸고
자리 낮다고 불만이었네

능력에 걸맞은 자리 달라고
날마다 당신께 불평하였네

상대방과 비교하는 높은 자리 좋은 자리
보기 좋은 자리이나 보시기는 아니라며

새벽 빛 타고서 찾아오신 보혜사保惠師

지금 있는 그 자리 너에게 족하니
기쁘게 감당하고 감사하며 따르라네

지금 있는 그 자리 사명使命의 자리이니
불편하다 불평 말고 비교하지 말라 하네

사람의 자리는 사람이 만드는 법

자리 줄 테니 자리를 펴라는
당신의 음성에 머리를 조아리네.

이 가을을 마시다 외 1편

고 재 구

두견화
나팔꽃이
떠나간 담장 밑에

설익은
가을 햇살
영글어 찾아오면

감국의
향기를 덖어
이 가을을 마신다.

봉암사
―백운대 마애보살*

　번뇌의 혼적과 해탈의 보석은 뒤엉켜 바람 되고

　유위有爲는 무상無相을 향하여 무명無名의 무위無爲를 누리며
　적멸寂滅의 마음들은 생사의 굴레를 벗어나서 중생이 구속한 업도
　명상 속의 선禪을 부르나 얼마를 떨친 뒤에야 사리 하나 얻게 되며
　삼백삼천 도리천에 어떻게 갈 수 있나
　이름 모를 수림樹林이 우거진 계곡에 백옥 같은 반석 위를 흐르는 벽류는
　여울지고 굽이쳐서 부딪쳐 부서지며 앞다툼도 영욕도 다 버리고 흘러내려
　이름 모를 들꽃들과 어우러져 별천지를 펼쳐 보이니

　속세의 극락정토에 자리하여 구름 된다.

※백운대 마애보살: 지방문화재 제121호로 높이는 4.5m 폭은 4.4m로 자연 바위에 새겨 만든 불상.

궁상 외 1편

고│창│표│

내 가슴속에
궁상窮相이 웅크리고 있다
고래희의 세월 좀먹는 신세로
주저앉지 않으려고 맨손체조를 하다가
자전거 페달을 밟다가
탁구대에서 핑퐁 공을 두들기기도 한다
장단 맞출 상대도 없이

무병해야 한다, 건강해야 한다,
이게 다 나사 넘쳐 헛돌고 있는 욕심
수영장에서 남세스런 비곗살 드러내 놓고
죽기 살기로 앞사람 따르려고 헤엄치니
부대끼듯 가쁜 호흡 궁상窮狀맞고,
수영모로 가려도 희끗희끗
내밀고 뻐기는 성근 머리
궁색窮色다 못해 궁색窮塞하기 그지없다

분명코 오고야 말 심장의 멈춤
언젠지 어디선지 알 수 없는 일
그렇다 해서 불안의 늪에 혼마저 철벅거려서야!
오늘도 군상群像 앞에 궁상弓狀의 꽈리를 튼다
내일 향한 군상君上의 균체菌體를 품고서.

꽃 같은 여인

가슴에 꽃을 꽂고 있는 여인
미소 띤 얼굴에 번지는 꽃향기
드디어 가슴이 꽃다발이 되었네

머리에 꽃을 꽂고 있는 저 여인
나풀대는 머릿결에 춤추는 나비
마침내 온몸이 꽃밭이 되었네.

그리움 외 1편

공│정│식│

푸른 하늘에
선생님 모습 그려 볼까

허허로운 들판에
그 아름다운 마음 담아 볼까

말없는 청산靑山에
고이고이 심어 볼까….

차갑고 무서운 산골
침묵의 밤은 깊어
맷돌같이 무거운 숨이 차고
답답한 한恨을 추스리고

꾸우꾹 누르고 눌려서
붓 끝에 피가 뚝뚝 떨어져 내리는
그리운 밤이었습니다.

정情

고독할 때는
땅을 파다가
눈을 감습니다

가슴이 아프고
목이 탈 때
물소리를 듣고 돌아 잡니다

기다리던 사람이
소식 없을 때
두 귀를 허공에다 달아
삭아질 때까지
기다리는 가슴으로
살겠습니다.

사랑은 외 1편

곽｜광｜택

사랑은
오랜 기다림 끝에
가슴에 꽃이 피리라

사랑은
마른 나무에 꽃을
가슴에 묻어 둔
한줄기 샘물

사랑은
그대 빈 가슴을
영원한 노래로 채우고
생명은 빛으로 온다

사랑은
연습이 없고
언제나 처음처럼
다시 시작하는 것

사랑은
먼 훗날
영원한 향기를
남기려 한다.

그대 사랑

그대 눈 속에
순백의 은빛
내일의 꿈이
아름답다

그대 영혼의
빈자리에
그리운 별이 되어
행복하다

그대 가슴속을
노을 곱게 물들면
사랑의 꽃이 핀다

세월은 흘러가도
사랑은 남는다.

도마 외 1편

곽|정|숙|

손톱이 잘려 나갔다
양파 속으로 들어서던 칼날이 그만,
빗나간 탓이다

마지막 숨을 고르던 광어의 숨결이 버거워
돌아앉고 싶었던 것처럼
팔딱이던 놈들의 눈물이 스며들고 뼈가 박힌 몸을
뙤약볕에 말리고

부풀어 오른 생의 허물을 벗겨내어
흰 속살로 다시 태어나고 싶은 것처럼
양파 대신 손톱을 잘라 버린 칼날은
이제 그만 쉬고 싶었는지 모른다

새까맣게 변해 가는 몸뚱이로도 아직,
더 받아내야 할 상처가 남았겠지만
마지막 숨결들이 살아날 것 같은
초초함으로 입이 마르지만

오늘은
뜨거운 물에 몸을 담그고
지난 상처의 허물을 벗겨내어
단단한 몸으로 다시 태어나고 싶다

밤새 달려온 트럭 위 수족관엔
한가로운 광어들이 잃어버린 눈을 찾아 빙빙 돌고 있다.

늦은 점심

늦은 점심을 먹으려는데 파리 한 마리,
먼저 와 열무김치 위에 앉는다
젓가락으로 툭툭 건드려 보지만
국물을 빠는데 집중할 뿐,
자신의 안전에는 관심조차 두지 않는다
얄미운 생각에
두 손바닥을 펴 저놈의 등짝을 납작하게 만들까
생각하다가 그만,
가슴이 먹먹해져서
목울대를 타고 올라오는 비릿한 것 때문에
한술 뜨다만 밥마저 내어주고 말았다.

꽃은 사랑이다 외 1편

구 춘 지

새벽이슬 머금고 피운 꽃
곱게 핀 꽃도 슬픔이다
마지막 작별을 고할 때
죽은 자의 영혼을 달랠 때
살아 있는 자들은 꽃을 바친다

세상의 꽃들은 꿈이다
새 생명의 탄생, 축하를 시작으로
꿈이 자라고 빛나는 자리마다
꽃이 빠질쏜가

한생 험하게 살았어도
저세상 가는 길 꽃길로 가서 편히 쉬라고
꽃상여 태워 보냈고
새색시 꽃처럼 곱게 살라고
꽃가마 타고 시집간다

아름다운 꽃은 사랑이다.

가을비 내리는 날

가을바람에 화살나뭇잎
선홍빛 화살로 날아가고 있다
활시위를 당기지 않아도
어느 가슴에 박히기 위함일까

떠나야 하는 서러움
지켜보아야만 하는 마음
짧아진 해거름
깊어진 그리움

화살나뭇잎 화살로 날으던 날
부슬부슬 내리는 가을비
수선한 마음을 달래고 있다.

굴레 외 1편

권│복│술

어느 날 갑자기
흉칙하고 부끄러운 나의 굴레를 만난다
"아니야 내 것이 아니야!"
못마땅한 눈길로 슬금슬금 훔쳐보면서
멀찌감치 떠밀어 내보지만
지난 삶 속에서 만들어진
어쩔 수 없는 나의 굴레

멋지고 훌륭한 새 굴레를 만들어야 해
바빠진 마음은
만들고 버리고, 버리고 또 만든다
조금도 달라진 것이 없는
버려진 옛 그대로인 새 굴레를

"이젠 정말 다시 만들자!"
천천히 천천히, 조금씩 조금씩
그냥 마음 가는 그대로….
정성껏 진실한 마음으로 챙겨 보자
언젠가 마지막 그날에는
나를 꼭 닮은
정직한 나의 굴레가 만들어지겠지.

이름 없는 풀꽃

작고도 작은 씨앗
이슬 먹고
흙 먹고
영겁의 긴긴 세월 속에
살포시 웃음짓는다

쬐끔해도 좋아요
안 보여도 좋아요
통째로 홀랑 날려가도 좋아요

당신의 눈길 한번
오늘에사 만났으니
꿈 먹고 사랑 먹고
행복할래요.

게국지 외 1편

권 순 악

그 옛날 밥상에
즐겨 먹던 게국지

게국지
한 사발에

추억 한 바가지
눈물 한 바가지

할머니도 가시고
어머니도 가시고

고향 찾아
시장 골목 허술한 식당에서

게국지
한 젓가락에

울컥 치미는
세월.

꽃구경

이 봄이 가기 전에
꽃구경하고 싶어
산으로 들로 나가 봅니다

비바람이라도 불어오면
애처로운 낙화를 차마 볼 수가 없어
꽃이 지기 전에 꽃구경을 하고 싶습니다

전에는 꽃을 눈으로 보았는데
지금은 가슴으로 보게 됩니다

가슴으로 피었다가
가슴으로 지는 꽃은
언제까지나
저렇게 환하게 웃고 있으면 좋으련만

이제는 오래도록 잊지 않으려던
추억 하나하나를
지는 꽃에 다 날려 보내고
화려한 꽃구경 길에 세월을 밟고 갑니다.

풀꽃 사이로 하늘이 보인다 외 1편

권 | 영 | 숙

소녀처럼 들길을 간다
하늘을 향해 두 손 모아 키우던
어린 꿈을 찾아
가슴은 팔딱팔딱 사슴처럼 뛰고
눈엔 서늘한 눈물이 고이던
솜털 보송한 자취를 찾아

세월은 산을 넘고 다시 산을 넘어가는데
저 파란 하늘 빈자리
잘 살고 간 어떤 이의 발자취처럼
사뿐하구나

서러운 세상에도
꽃이 피고 바람이 분다

천리만리 먼, 너와 나 사이에도
바람이 불고 꽃이 핀다

바람은 클수록 가슴이 아프고
꽃은 작을수록 따뜻하여라

잘 살고 간 어떤 이의 흔적처럼
저 파란 하늘 빈 자리

아름다워라!
작은 풀꽃 사이로 보이는 청옥빛 하늘

고추나무

마른 풀잎처럼 누워 있는
고추나무들

바람이 흔들어 살려 보려 애쓴다
눈을 감은 고추나무들

뿌리째 뽑혀
밭고랑에 누워 겨울잠을 자는 것 같다

밭고랑 사이사이
긴 뿌리내린 냉이는 제 향기로
누운 고추엄마 살리려 한다

고추나무 빈 가슴에 매달린
허약한 빈껍데기 고추들만
어미에게 매달려 빈 젖을 빨고 있다

건강하고 잘난 고추들은 모두
엄마 곁을 떠났다.

성공의 길 외 1편

권│영│주│

만족과 희망의 삶
인생의 꽃밭에서
과정의 뿌리
줄기를 소중히 가꾸어
푸르고 푸른 잎을 낸다

타오르는 배려
꽃을 피우고
먼발치로 내다보는 것이 아니라
진정으로 감사하며
자신을 가꾸는 힘
기쁨과 행복
열매를 맺었나니

살아 있음으로
행복을 느끼고
인의예지신仁義禮智信을 지켜 나간다
돈 명예 지위도
한편의 나그넷길!

진실한 사랑만이 참행복
어지럽게 흩어지는 구름을 모아
희망을 말하고

꿈을 키우는 심신心身이
성공의 길이리라.

겨울 냄새

계절마다 느낌이 있듯
날마다 냄새도 다르다

옷깃 여미는 싸늘한 추위의
마지막 겨울 끝자락조차도
막을 내리는 오늘

비 내리는 오후
바람이 포도鋪道 위를 뒹군다

비바람 흩어져 저물고 나면
온 세상 푸르름이
솟아오를 것이다

따스한 봄을 맞으며
걸어가 봐야겠다.

손 외 1편

권 오 견

나뭇가지마다 위로 펴든 손바닥
빛이 쌓이고 이파리가 피어난다

새들은 날아가다 쉬어서 가고
먼 길 가는 별들도 일박하는 보금자리

지난날 수많은 사람들과
잡았던 내 손이 부끄럽다

절절한 한방울의 피눈물도
묻혀 오지 못했던 마른 손바닥

남은 온기로 찬 손 데우면
이파리가 피는 손마디 계곡 사이로 새들은 날아들까

아무 데서나 높이 쳐들고 허풍떨던 손가락에
심지를 올려 촛불을 켜면

어두운 세상 밝히는
부처님 손을 닮을까.

그늘 속으로

수림이 꽉 들어찬 사이로
그늘이 짙게 드리워진 산길을 간다

내 안으로 들어온 산길
어느새 물렁해지는 나

빛을 쫓아온 지난날의 발걸음마다
그늘이 섞이고 있다

그늘 속으로 날아다니는 산나비들
이 꽃에서 저 꽃으로 가벼운 길 걸어놓는다

그늘로 접어든 내 생애
산길을 간다
무겁고 딱딱한 나를 덜어내면서.

소꿉놀이 외 1편

금 동 건

모래 한 줌에 물 자작 자락
기름진 금 밥을 짓고
풋고추 호박 따서 강된장 끓여
너는 엄마 나는 아빠
유년의 소꿉놀이 그리워
담쟁이 호박꽃이 연애하는
소나기 내리는 원두막 밑
여보 당신 웃음소리
지금 달려올 듯한 고향
귓전에 들려오는
유년의 첫사랑 목소리.

그곳에 고향이 있었네

동계천의 중심에 나를 키워 준
그곳에 고향이 있었네
술래잡기 고무신놀이 동네 한 바퀴
꿈이 서리고 태를 묻은 뒷동산
맑고 청아한 실개천의 노랫소리
그곳에 고향이 있었네
아버지의 아버지와 내 아버지
오순도순 한가족처럼 살던 이웃사촌
내 것 네 것 없는 돌담길 돌아
경상북도 안동시 예안면 인계
그곳에 고향이 있었네.

별빛 신정호 외 1편

김｜건｜배

바람이 흔들어 별이 쏟아졌나
구름이 지나다 별을 놓고 갔나
별은 호수에 가득하고
밤하늘이 살며시 내려와
조심스레 호수에 입맞춤한다

두 줄기 바람은 달빛에 걸려
환하게 살랑거리고
청춘들은 여기저기서 벙글거리다가
하나가 되어
화사한 꽃으로 활짝 핀다

진한 과일 향처럼 다가선 여름밤
시간의 유속은 호숫가에 머물고
밤하늘의 한없는 고요는
어디선가
불쑥 찾아올 사랑을 기다리게 만든다

별들은
고요에 파묻혀 호수는 더욱 빛나고
빛을 품은 어둠은
뭔가 황홀한 심사를 애써 억누르고
침묵을 지킨다.

그래도 행복한 것이여

열심히 사는 너희들을 보니
하여튼
좋다! 좋아!
너희들 때문에 행복한 것이여

카톡 한마디, 문자 몇 글자
고맙다! 고마워!
그래서 엄마 아빠가
지금 즐겁게 사는 것이여

초승달 수줍음같이 귀여운 것들아~
반짝이는 별빛 사랑 같은 것들아~
시방 우리가 가는 길에
세상의 흐름을 탓하여 무엇하랴.

화장술 외 1편

김|경|언|

난
30년 후에도
완벽했다

잘 짜인 거푸집이
오전에는 수축
오후에는 팽창을 하며
서서히 굳어 간다
재질의 선택은 선입견일 뿐
바탕화면에 새겨진 갑골문자
스며든 먹물 자국
짙은 색으로 얼룩을 지운다

터치에 따라 달라지는 인상
솔직한 표현은 친근감을 준다
오랜 미관과
클래식한 분위기는
파랑과 노랑의 합작품
외부 마감재로 매끄럽게 다듬어
시간 속 액자에 가두어 둔다

난
여전히
완벽하다.

네모난 관음증

오늘의 끝이
출발점으로 되돌아가고 있다
사랑을 위해
몸을 낮추는 여자
동공을 피한다
이미
GPS에 포착된 흔적은
여자의 뒤통수를 따라온다

사랑을 한 얼굴이 후끈거리고
젤리처럼 말랑말랑한 감정,
나르시시즘에 빠진 여자
드디어
현관에 멈추는 소리

불빛 새는 방 안
옷을 벗어 거는
여자의 실루엣에
강렬한 레이저가 쏟아진다

구석에 숨어 창문을 주시하는 여자
지울 수 없는 인증샷이
방 안 가득 퍼질러

여자를 넘본다
아니, 나를 훔쳐본다.

기술의 맥 외 1편

김 관 형

태양 빛 공기의 은혜로
진리의 세포 속 피돌기를
분해하고 결합하며 꾸민
묘기의 이치인 형상
자연을 인간에게 이롭게
이용한 재주 기술로 용케
캐낸 원리를 예리한 논리
서슬로서 걸물을 짓는다
자연 속에서 재주를 밴
뭇 생각의 뛰어난 슬기가
뼈가 되고 살이 되어
앞선 새 기술로 태어난다
어린 꿈 동이의 기술이
삶을 꽤 재빨리 부리면서
사람 머리 기능보다 앞서
많은 일을 도맡아 하는
기술만능 시대를 이루어
행복을 선물하고 있다.

곰살맞은 경대

아름다운 여인의 손길이 깃들어
우아한 멋을 내는 곰살맞은 경대
무늬마다 맵시가 살아 숨 쉰다

달콤한 복숭아가 열려 있고
평화를 나타내는 고상한 쌍학
아들 딸 많이 낳으라는 복의 상징
물고기가 번들번들 넘실댄다
마음 비운 대나무가 쭉 뻗어
고귀한 여성의 절개를 자랑한다
날쌘 제비꼬리 장쇠로 묶어
튼튼하고 정숙하기 이를 데 없다

곱고 세밀한 조개껍질로 조각한
다양한 기술의 솜씨가 빛난다
거울에는 선녀 같은 조상의 여인
정답고 은은하며 반달 같은 얼굴
민족의 얼이 그림같이 나타난다.

생선 외 1편

김｜광｜수

좌판에 있어도 세상에 있다
고통 받는 것은 누구나 다르지 않다
선택의 대상으로 남아 있다
쳐다보는 눈 마주하며 선본다
아내의 눈과 맞아 손에 들린다

나이 차
황혼 무렵이 되면
나는 누구의 손에 들릴까.

넝쿨

빛나는 세상 하나 줍기 위해
나는 묵묵히 길을 간다
담장이나 나무 위
땅바닥이라도 좋다
누구의 간섭이나 막음 없이
이 길을 갈 수 있다면
욕심 같은 것 부리지 않을 것이다
자연의 순리대로 살아갈 것이다
어기적어기적 비록 더딘 걸음이지만
넓은 세상 가기 위한
희망 하나는 품고 살아갈 것이다
그 길이 가시밭길이라도
가면서 하늘 높은 줄 알고
고개 숙일 줄도 알며
삶의 진실을 감추는
구차한 변명 같은 것은
하지 않으며
살아갈 것이다
이 세상 살아가는 모든 이에게
꿈 심어 주며 사랑을 주며
더듬더듬 서투른 몸짓으로
상처 난 정신 쓰다듬기도 하며.

기분 좋은 말 외 1편

김│기│순

―밥 한번 살게요
빈말이라도
기분 좋은 말이다
고독한 이에게는
사랑으로 들리어서 기분 좋고
친구 사이에는
우정이 쌓여 가니 기분이 좋다
'밥' 이라는 단어에
달갑지 않은 이가 있으랴
대접받는 기분
가깝다는 기분
여러 의미가 담긴 말이어서
들어도 들어도 싫지 않은
참 기분 좋은 말이다.

어머니 정원에
─가족사진

어머니의 정원에
꽃들이 활짝 피어 있습니다

병든 꽃나무는 없나
요리조리 살피시다
혹여 떡잎이라도 보이면
지극정성으로 떼어 내시고
웃자란 가지들
가위질하시느라
밤잠을 설치시던 당신
당신의 땀방울
헛되지 않아
끈끈한 혈육의 열매
이렇게 또 하나의
예쁜 꽃밭을 이뤘습니다
그 어떤 꽃이
이보다 아름다울까요.

길러 내야 한다 외 1편

김 기 전

손주 손주
내 손주에게
아빠 같은 존재
큰 산과 같은 존재로 남게
세상을 더욱더
바르게 살면서
바르게 살도록
길러야 한다

값있게 살도록
길러야 한다

사회의
동량이 되게
길러 내야 한다.

깨끗한 정치

벚꽃들이 피었네
벚꽃들이 피었네

의원님들 보라고
윤중로에 피었네

하얗고 깨끗하게
의사당을 비추네

백설같이 깨끗하게
의사당을 비추네

눈부시게 눈부시게
의사당을 비추네.

정情 외 1편

김 낙 연

정겨운 눈빛으로
정으로 만남을 기뻐하듯이
애잔한 눈빛으로
헤어짐도 슬퍼합니다
사랑하며 함께 보낸
세월 동안 낙엽처럼 쌓인
별같이 아름다운 추억들
잊혀지지 않으니 행복합니다
다투다가 포용하며
미워하다 다정해지며
헤어지면 더 그리워
잊지 못해 다시 만나니
모두 한마음에서 비롯됨이니
정인 까닭입니다
그러기에
정은 사랑입니다
정은 참 오묘합니다
정은 참 아름답습니다.

매화 꽃병

햇빛이 가끔 드는 방 한구석
장식장 위에 놓인
매화梅花 꽃병이 예쁘다

매화무늬가 수놓인
주단紬緞 한복을 입은 채로
방금 화장을 마치고 돌아앉은
임처럼 단아하다

세상 모든 것이
인연에 얽혀 만나 맺음이니
임은 오로지 그러하다

계절 따라 야생화를 안음이 고작이나
소박한 임은 심성이 그리 고운가
지금껏 푸념도 타박도 없다

정작 매화의 연緣은 먼지 오래건만
임은 소소素素한 차림으로
맑은 정情을 머금어 샘같이 베푸니
내내 그 모습대로 가슴에 머물러 있으리라.

창가의 시간 외 1편

김 남 구

색바랜 졸음이
창가에 얼룩지고 있다
바람꽃 일렁이는 아파트 지붕에
비둘기 돌아앉아 가슴 멍울 풀고

창밖에 구겨진 바람이
낮은 포복으로 기어가는 나른한 오후
공허한 하늘을 가로지르는 작은 새 한 마리
점을 찍고 유성으로 사라진다

허상을 쫓다가 일상으로 돌아와
사유思惟의 틈바구니에서
항변抗辯 조각을 사르는
창가의 이름 없는 나무들의 재잘거림

파르르 연둣빛으로
가뭇이 들리는 태엽 감는 소리
어느새 땅 끝 또 어딘가에 서러운
영혼이 탄생하는 시간, 시간.

파도

하늘이 내려
너울대는 검은 평원
영원한 역사가 소리로 몰려온다

서치라이트 속으로
무한한 무게로 감아오는 물더미
긴 울림으로 달려와
방파제의 덜미를 잡아챈다

팔월 보름달이 숨어 버린 시간
멀리 등댓불이 이십오시에 떨고
연이은 깊은 울음으로 내달아
포효咆哮하는 자시子時

어쩌면 종일토록 지쳐 응얼진 가슴
난도질하는 영웅 앞에 작은 영혼은
저 울부짖음 속에
취기에 흔들이며 물마루를 걷는다.

누름돌 외 1편

김│동│석│

김치독이나 된장 고추장 독에 누름돌을 넣었다
수북한 김치 위에 반들반들한 돌을 올려놓아서
김치의 수북한 숨을 죽이면 김치맛이 나는 돌

자신을 누르고 희생과 사랑으로 아픔을 참고
어머니나 어른들은 돌 하나 품고 사신 듯하다
작은 말에도 상처받고 욕심도 감정도 다스리고

부부간에도 친구 간에도 직장 동료 간에도
누름돌 하나 가져서 훨씬 밝은 내가 되고 싶다
누르며 사신 어머니가 유난히 그리운 오늘이다.

수원 수구레 국밥

부들부들하여 입 안에서도 오물오물한다
시래기와 어우러진 수구레 무침 찜 국밥에
빨간 두꺼비가 오고 가며 활력이 넘친다
수원 토박이 아줌마는 깍쟁이라지만 후덕하다

송아지가 커 가면 코를 뚫고 코뚜레를 하며
머리와 등 사이 움푹 파인 등에 격장을 메고는
워낭을 양쪽에 매달아 놓은 것을 구레라 했다
소의 살과 가죽의 사이를 수구레라고 하였다

시골에서 소 잡아 살코기는 두레로 나눠 주고
가죽에 붙어 있는 기름기의 인기 없는 고기
백정들이 넉넉하게 떼어놓았다 가져가 먹던
그 수구레가 요즈음 인기에 인기가 짱이다

콜라겐도 젤라틴도 많아서 영양식이라고 하고
피부 미용도 빈혈에도 또 관절에도 좋다 한다
수원에 한집의 팽나무고개 수구레국밥 집
소리에 소리 소문 돌아 사람들이 들썩들썩인다

아주머니의 후덕한 인심도 한몫한다지 아마
오시면 인심 한사발도 드린다고 뚝 떠서 주고는
수구레국밥에 무침에 탕에 소주 한잔 하며
수원의 정조 대왕의 효심도 함께 나누세 한다.

들꽃 외 1편

김｜동｜애｜

사방을 둘러보면
운해로 섬이 되어 홀로 서 있다

해는 점점 서산으로 기울고,
가는 길이 힘겨워 뒤돌아보면
너무 멀리 와 버린….

수많은 발걸음이 포개져서 만들어진 그늘
그 무게가 버거워
작은 풀꽃으로 하늘을 본다

길가 한옆, 수줍게 피어서
오는 이의 가슴속에 꽃씨로나 남을까.

바람 소리

붓끝에 바람이 일면
그 붓은 하늘이 된다.

계절 따라 탯줄을 이어 두면
푸르른 산야엔
나무들 노랫소리에 산새들 춤을 추고
숲속 산짐승들 숨바꼭질 즐겁다

바위틈 물소리에 야생화 방긋방긋
넓은 들에 씨를 뿌린 사람들
얼굴과 몸짓에서 땀 내음 푸르다

냄새는 안으로 깊숙이 뿌리내려
땅위에 꽃 피우고 열매 맺는 연골 고리로
새 생명의 불씨 되어 온 세상을 밝힌다

밤하늘 별들이 불꽃놀이 한창인데
하얀 화선지 위에 춤을 추는 바람 소리여.

바람 따라 길을 가다 외 1편

김ㅣ동ㅣ익ㅣ

바람 따라 흐르고 떠나간다
가는 곳 바람만 알고 따라간다
보고 듣고 생각하며 길을 걷는다
만나면 웃고 덕담德談 인사 손을 잡고
인파人波 물결 따라 바람 따라 생동生動
뭉게구름 피어나듯 말[言] 홍수 파도
날리고 흐르는데 헤엄치고 살아가는 길입니다.

길을 묻거든

맑은 하늘이 보인다
생각이 편안한 마음을 갖음이오
길을 가다가 멈춘 것은
번민이 많은 인생입니다
오르다 못 오르면
고통이 찾아드는 신세라
찾고 가는 길은
부족함을 깨닫고 채우러 가는 길입니다
부족하고 빈곤할지라도
번뇌 탈을 벗고 자기 만족 찾아
새로운 길을 찾고 변화된 길을 가야 합니다.

무궁화꽃이 피었습니다 외 1편

김｜백

동두천 캠프케이시 군사법정
그리고 낫 길티
미군 장갑차에도
군용 트럭에도
계란이 샛노랗게 터지던 날

추적이는 빗속에서 웃고 있던
두 아이 영정 앞에도

허수아비가 절뚝이며 황소 몰고 가던
촛불 꺼진 광화문 네거리에도

무궁화꽃이 피었습니다.

소매물도

섬이 그리워 섬에 가네
그대 가슴에 떠 있는 그리운 고도孤島
메밀꽃 피는 소매물도
사랑도 오래 철썩이면
짭쪼롬한 눈물 같은 바다가 될까
산동백 숨어 핀
산마루 올라서면
바다는 홀홀 옷을 벗고
커다란 두 젖무덤을 바다에 띄워 놓네
차르르 차르르
몽돌밭 아픈 사연 파도에 쓸려 가네

만남과 헤어짐이 어찌 사람의 인연뿐이랴
누가 이 두 섬의 아픈 사랑을
견우직녀처럼 갈라놓은 것이냐
그리움은 억겁의 비바람에 타버린
바위가 되었다

나는 오늘
그대의 바다를 항해하는 나침반 없는 배
메밀꽃 피는 이 작은 섬에 발이 묶여
쏟아지는 별빛을 보고 싶네
바다에 내려앉는 것은 다 그리움일 것이네.

지난날의 풍경 외 1편

김│병│철│

계절이 끝자락에서 서성일 때
어미 손 놓아 버린 낙엽들이 바람에 등 밀려
포도 위를 뒹굴며 먼 곳으로 떠날 때
바람 부는 빈들 창공에
까마귀만 두어 마리 날고 있을 때
텅 빈 집 창가 거실에 슬그머니
야윈 볕이 들어와 나와 둘만 있을 때

문득,
어떤 작은 불씨 같은 그리움 하나가
더 큰 그리움을 불러와
대책 없이 지나가 버린 너를 찾아 나선다

그 언젠가 보았던 싱그럽고
곱기만 하던 너의 풍경 아스라하기만 한데
너 있던 곳은 사나운 바람뿐이고
지나온 날들은 실타래처럼 길고 길어
그리움 되어 자꾸 다가오기만 한다

오늘도 해거름 먼 산 노을 뒤에
어느새 또다시 어둠이 밀려오지만
낙엽의 등 밀어 몰고 가는 바람 그 먼 끝에
혹여 네가 있지 않을까 싶은데

너는 내 마음속에서 떠날 생각이 없는 듯
오늘도 꿈속에서 네가 보일 법하다.

겨울 수채화

이 겨울을 농익히는 하얀 눈이 펄펄 흩날린다
아파트 얕은 울타리 덤불 드나들며
숨바꼭질하는 참새 떼들
자기네의 방언으로 수다를 떨다 어디론가 사라진다

펑펑으로 바뀌어 눈이 대책 없이 흩날린다

TV 속에 기상캐스터가 대설경보를 알린다

아파트 정원수들 어깨에는 수북하게 눈 쌓이는데
온 힘을 다해 무거움을 참다 참다 참지 못하고
기울어지는 어깨와 어깨들
생에 예기치 않게 찾아드는 힘겨운 이변도
언젠가는 어떻게든 털어내어질 짐이겠지만
보고 있자니 안쓰럽다

숨 쉬고 있음은 언제나 삶의 무게 견디며 사는 것
우리네 생이란 다 그런 것

목화솜 같은 새하얀 눈 쉼 없이 쏟아져 내려
어느새 온천지를 새하얗게 덮었다
문득,
아주 오래전 여행길에 갑자기 내리던 폭설에

대관령을 헤매던 생각의 닻을 올리는데

먼 듯 가까운 듯 어디선가 목쉰 까치 울음소리가
하오 5시의 눈 속에 묻힌다.

기억이 낙엽 지다 외 1편

김|복|만|

이따금 '반가사유상'을 안고 간다
사유와 기억의 바닥에 금이 간다
긴장과 열정으로 살아온 긴 세월
차곡히 저장되어 온 앎과 지혜의 속성
규범적 허무, 연륜의 골짜기를 피할 수 없다

흰머리 주름살은 늘어가는데
얼과 정한情恨인들 온전하겠는가
생명력 혈기 추진력이 물러지고
한 생애 빛바랜 의식세계로 흘러간다

아까워서가 아니라 허전할 뿐
생체 순환의 순리인 것을
고집으로 잡는다고 돌아서겠나

'에빙하우스'의 망각 곡선이 영험하다
촘촘하던 긴장의 그물망이 느슨해진다

인생살이 기억 고집만이 전부가 아닌 것을
남은 기력 지혜의 바위에 차곡히 실어
흐르는 물길 넘어 끈기로 살아간다.

남은 여로

나는 왜
나를 극복하지 못하는가
나는 누구이기에 나를 잃었는가
나도 모르게 흘러가는 나를
강물 보듯 바라보며
살아온 굽어진 삶의 길을
뒤돌아보지 못했던가

꽃잎에 꽃술
잎새에 잎술처럼
한마음 속 나이지만
주체인 내가
나 속의 다른 나를
이성과 감성의 언덕에서
무슨 연유로 바른길로 아우르지 못하고
또다시 거친 벌판으로 방황하게 하는가
일상 긴장의 끈을 조으면서도
긴-세월 더러는 크고 작게 틈새 기울어져
상처가 아무는 고통을 껴안기도 했다

이제 새롭게 다짐하는 길목에서
허무의 시린 가슴을 씻어 내려야 할 때다
남은 삶의 시공時空

나와 내가 더는 어긋나지 않도록
궤도를 달리는 바른 자세로
티없는 나의 길로
먼-길 다시 떠나야 한다.

가을 스케치 외 1편

김 사 달

늙은 호박 한 덩이가
수직으로 쏟은 한 가닥 힘줄을 붙잡고
쇠잔한 생명을 애타게 구걸한다

깡마른 혈관을 타고
심해 빛 하늘이 링거처럼 떨어지고
이 긍휼을 수혈 받으며
호박씨는 꿈을 꾼다
영롱한 새봄의 꿈을

소슬바람도 숨죽여
생명을 배우고
낮달도 잠시 멈춰
끈질긴 인연 위에 체크를 놓는다.

형수

되롬이라 불렀지 자칫하면 되놈이 될 날
앞치마에 손 가리며 울듯 웃던 맏형수
귀신 돼 나오라시던 친정 부모 엄명을 지켜

형님은 의용 경찰 현지처와 떠돌이 살림
시하 층층 하루도 없이 오지랖이 추지더니
마당 쓴 헌 빗자루인 듯 세월 뒤에 홀로 눕네

공방에 스민 달이 비녀를 뽑았더냐
찬이슬 귀뚜라미가 치마끈을 풀었더냐
유복자 기둥이 되어 땅거미를 지키네.

하나 되어 외 1편

김 상 학

풀잎 속에서도
강물이 흐른다
돌 속에서도 강물이 흘렀다

누가 아는가
그 속에 비치는 얼
물비늘이 출렁임을

풀잎 속의 물방울이 끝내
바다로 이어지고
바닷물은 소금이 되고

형제여
너의 손바닥에도
비늘같이 강물이 흐르는 걸
볼 수 있구나

언젠가는
물방울이 바다로 흘러
물비늘로 되피어나는 날
우리 하나 되어
다시 만나리라.

작약도

신비의 섬 하나
홀로 안개를 이고
세상 고뇌 잠재운다

천년의 풍파 속에
의연히 서 있는 소나무는
무슨 생각에 잠겨
빈 시간을 달래는가
철썩이는 파도 소리 귀 열어
꿈으로 흐르는 별도
문득
물이 그리운 하루

낡은 세월을 담은 바다에서
어김없이 해는 노을이 돼
이 아름다운 작약도가 있어
서해는 영원히 외롭지 않다.

시간의 여유 외 1편

김 서 연

무더위 보내고
햇살 속에
바람 한 점 찾아와
함께 하는 정오

어지러운 삶
지인과의 담소와
고민거리 상담
모두를 내려놓고 들녘을 바라보니

한여름 견뎌낸 밤나무
밤송이 여물어 가고
솔잎 향기에 계절 잊은
능소화 몽우리 나래를 펴고

스쳐 가는 가을바람에
잠시 일손을 놓고
탁자 위의 커피향 즐기는
시간의 여유.

환희

이 자유로움
인생의 동반자와
무언의 손을 잡고
마음을 함께 하는 기차 여행

한강을 지나고
팔당을 거쳐서
양수리 터널 숲을 질주한다

문산역을 출발
용문역을 향해 달려가는
가을날의 신선함
아직은 청록의 산림 속에
그림 같은 펜션의 하얀 몸체

빨리 오라는 이도
서둘러 가야 할 곳도
시간의 구애 없는
동반자와 모처럼의 하루.

소나기 외 1편

김 석 태

삶은 옥수수 방티 머리에 이고
애기 업은 어멈 어쩌나
홍수 많던 그때 그 비처럼
가난이 쏟아지네

소나기 퍼부을 때면 언뜻
보릿고개 넘기시던 울 어멈 생각
지난 세월 흐르는 빗물처럼
저 황토빛 강물같이 흐르는데,

가슴에도 빗줄기 죽죽 내려
힘줄처럼 부푸는 옛 추억
철없는 갓난아이 울음같이
젖내 비릿한 내 유년 시절의 아픔
울 어멈 향하는 십자가의 길.

가을

돗자리 깔고 돌베개 하고서
들마루에 누웠네

눈까풀 감고 숨까지 고르니
가을 맛보는 사색의 즐거움

무력이 전신을 지배하는데,
수면은 죽음의 연습이런가

죽음도 이처럼 영원한 잠
간단한 일이라 생각하자

귀뚜리 처량한 울음
가슴에 꽂히는 비수라도

갈바람 살갗 이처럼 애무하니
내 영혼 일어나 두 손 모으네
어느덧 갈 기운 예삿일 아니니
하늘 뜻 반기며 고요를 즐기네.

나무의 꿈 외 1편

김 선 옥

지심을 깔고 앉아
초록 잎 속삭이네

깊은 밤엔 달님과
얼을 빚듯 미소 지며

여름 숲
넉넉한 자리
깃을 펴는 간이역

누울 곳이 없는 터에
바람 만나 노래하고

안으로 삼키는 눈물
평생 여민 뜨거운 몸

새벽을
품에 안으며
설레이네 긴 여정

어둠 쪼아 외로 하고
햇살 받는 신의 소리

내가 나를 돌아보면
홰를 치는 초록 지평

한 하늘
열리는 순간
이 가슴에 꽃이 필까?

앵두

산문 옆에 키운 사랑
채워지는 햇살이네

하얀 꽃 만발하여
온 천지가 보조개라

끈끈한

웃음 짓는 너

우주 속에 담고 싶다

할머니 할아버지
꿈을 꾸는 그곳에서

빠알간 눈망울이
온 가지에 달렸으니

깊은 뜻

사리고 있어

푸근하게 안고 싶다.

하얀 코스모스 외 1편

김｜선｜우

한 타래 빗줄기가 뜨거운 여름을
빗질하고 있습니다
차르르 흘러내리는
윤기 나도록 푸르른 가을 하늘!
어느 여가수의 목소리에 빙의되어 피어난
코스모스 꽃길을 걸어 봅니다
그 꽃길에는
아련한 그리움 같은 실루엣이 있습니다
하얀 코스모스를 닮았던 우리 어머니!
겉모습은 투박한 목화 줄기였으나
흔들리는 잎새마다 고이 접어 두셨던
자식에 대한 사랑!
그 사랑이 슬프게 떠오를 때마다
한 잎 두 잎 하얀 코스모스 꽃잎 같은 눈물을
떨구시곤 했습니다
가을 언덕에 홀로 앉아 흘러가는 구름 봅니다
구름이 편지지라면 편지 쓰고 싶습니다
둥그런 달 둥실 올라 온 동네가 환해질 때
어머니!
다시 한 번만 밝게 웃어 주소서!

어머니 모시적삼 닮은 달빛을 받아
눈물을 닦는 이 가을밤이
홀로라서 더욱 쓸쓸합니다.

가을 랩소디

가슴을 파고드는 서늘한 바람
가로수 잎새들이
우수수 떨어지는 가을
속절없이 흘러가는 세월이 야속합니다
아직도 잊지 못한 추억은 남아
그 강변에 가면 문득문득
님들의 얼굴이 떠옵니다
그렇게 새겨진 님들은
무슨 사연이기에
이렇게 가슴에 깊이 묻고
고백이 될지 모를 글들을
끼적이게 합니까
그리운 이들이여
사랑한다는 말
보고 싶다는 말
원하지도 바라지도 않습니다
다만 이 가을바람에
가슴을 파고드는
편지 한 장이 그립습니다.

꽃물 외 1편

김 선 종

꽃물
적셔 놓은
아름다운 구슬

고운
햇살 받으러
풀잎 끝에 매달리었나.

여명

단잠이
부서지는 새벽 4시
찬서리 맞고 달려온
하현달 반쪽이
서쪽 하늘에 매달려
추위에 떨고 있네
바람도 잠이 든 새벽
닭 울음소리 홰를 치며
새벽의 적막을 가르고
일침을 깨워
여명을 알리니
새벽닭이 울어야
아침이 밝아 오는가.

누가 묻는다면 외 1편

김│성│일

시냇물에 뜬 낙엽 하나
어디로 흘러가느냐고
누가 묻는다면
무거웠던 산과 나무들
모두 놓아 버리고
가을 하늘 구름 되려고
흘러간다고 말하리
이름 없는 작은 혼
흐르다가 지치면 쉬어 가고
추우면 돌 벽에 기대어
가슴 말리고 비 오면
빗소리 귀로 받아 귀로 버리며
흐르는 물소리 가슴에 접어두고
한 잎 낙엽 되어 지금은
엎드리어 비린내를 씹는다
이 풍진 삶
피었다 사라지는 민들레처럼
무심히 바람 따라가다 보면
어딘가 꿈으로 이어지는
환상의 꽃길이 하늘거리고 있으리.

전선에서 본 밀레의 만종

평남 개천 늦가을
산 밑 다락밭에
눈꽃처럼 목화 피어 있다
그 밭에 목화 따는 할머니
오직 평화만이 공존한
밀레의 그림이다
전쟁 스쳐간 저 고향 풍경을
병사들은 시선으로
그림을 그려 본다
누가 이 풍경에 피 뿌리고
화약 냄새 풍겼는가
금빛 들녘은 바람에 흔들려
추스르지 못한 몸 스스로
머리를 숙이는데
주인 잃은 만추의 들녘을
오직 할머니가 열심히
홀로 그림을 그리고 있다
만종의 화폭을 스쳐 가는
군용 트럭 엔진 소리는
만종 소리 삼키며 석양은
서서히 어둠의 막을 내리고 있다
무서리 내리는 가을밤
풀벌레 슬픈 합창 소리가

전운이 감도는 들판을 깨우며
깊이 모를 슬픈 강을 건너간다.

가을날의 사색 외 1편

김 성 자

바람이
가슴을 적시는데

거리는
낯선 도시처럼 황량하다

햇살 한줄기 토해내며
허공 뚫고 쉬어 가고

눈물겹도록
가슴 시린 기억들

울고 싶어도
그리움의 무게에 눌려

울지 못하는
내 작은 뜨락이었구나.

한순간의 꿈

한줌의
꿈이었나
내 사랑 세월 젖고

꿈 담아
속삭인 정
품에 안고 떠난 그대

노을빛
빛살무늬
뭉게구름 덮치니

지나는 시간이 아파
서러움을 삼킨다.

나이테 외 1편

김 수 경

서리 빨리 내리면
겨울이 춥고
추위를 견딘 나무에
나이테가 생긴다

오래된 나무일수록
나이테가 많아진다

나이테가 많은 나무는
더 튼튼하고 뿌리가 깊어진다

그런데 왜
사람들은 나이가 들수록
작아지는가

삶이란 살아갈수록
왜 하나씩 버려야 하는가.

만년필로 쓰다

희망 없는 반복은
여자의 일이라고 쓴다

여자가 남자보다
아홉 배나 더 사랑하고
다섯 배나 더 운다고 쓴다

사랑은 하나의
완전한 고통이라 쓴다

고통과 희망은
한 몸이라 쓴다

만년필로 쓴다
반복해서 쓴다.

지금 외 1편

김 수 야

어제도 오늘도 매 마찬가지
마음 털어 하루라는 그 속에
어머니의 삶을 들여다본다
살아오면서 제대로 마음 헹궈 볼
겨를도 없이
끝없는 찰나 속에 젖은 세월
뜬금없이 그 시간들을
고무줄로 늘려 본다.

가을 속으로

빛 고운 햇살 위로
들뜬 바람이 인다
이미 사랑해 버린 갈바람
엷은 그림자 따라
길을 나서 본다
잡다한 일상을 잘 정돈해 줄
가을 속 그 하루
풀향기 벗삼아
머릿속 어지러움
훌훌 털어내 볼란다.

소백학교 외 1편

김│순│녀│

동지섣달
문풍지 바른 쪽문처럼
꼭꼭 닫아 두고 열지 못했던 마음

채우지 못한 걸 비우지도 못해
멍든 가슴 끌어안고
한 맺히게 살아온 세월

봇물처럼 터져 버린 갈등
쇠비름보다 질긴
꿈을 잃지 않았다

주저앉아 있기엔 억울한 인생
콩닥거리는 가슴에
배움의 씨앗 하나 심었더니

이름 석자 쓸 줄 몰라
평생 감고 살았던 두 눈
한글처럼 빛나네 환하게 밝아졌네.

이별

풋풋했던 가지
통통하게 물오르던 날
기다림의
희망으로 설레었다

온 산 물들어
잎새마다 고운 옷
산 그림자 드리운
침묵하는 저 강물

네가 가고
내가 남아도
우리라는 이름으로
인연의 꽃 지우지 말자.

망향望鄕의 봄 외 1편

김 | 연 | 하

어김없이 꽃망울 터트리는 계절
천만가지 사념思念 끝에 고이 접어둔
기억들이 역사의 기록처럼
상세하게 펼쳐진다

익숙한 풍경風景 하나
흘러가는 구름과 같은 인생
바람 자고 머무는 금성산 서쪽
옥구평야의 풍경이 한눈에 펼쳐진다

나른한 저 산 언덕 너머
산꿩조차 긴 울음을 토해내는 숲
한적한 오솔길 너머 아득한 길
지천으로 번지는 찔레꽃들이
꽃망울을 터트리기 시작하고

앞마당 정원에는
영산홍 꽃이 아름답게 피어나며
나비와 벌들이 깊은 연정을 나누는
정오에 쏟아지는 햇살이
꽁꽁 싸맸던 기억의 빗장을 푸는
새싹 트는 사월의 오후에

농사일을 준비하느라
쟁기를 맨 소와 대화를 나누고
논밭에 아버지가 손수 만드신
물자새*로 물 푸는 소리가
추억으로 새록새록 돋아난다.

※물자새: 무자위와 같은 뜻의 전라북도 방언.

영겁永劫의 강

비단자락 굽이굽이 흐르며
꽃구름 수놓고 정 깊게 살아온 물줄기
제 몸을 낮추며 깊어만 간다

험난한 산굽이를 넘을 때
외롭고 힘겹지만 잠시 쉬어 가는 곳에
끼리끼리 푸르른 피를 나누고

문명을 토해낸
도시의 오물들을 머금고도
온누리를 골고루 촉촉하게 적시고
물줄기를 흐르게 한다

사려思慮 깊게 제 갈 길 가며
이 땅을 밟고 살아온
온유한 사람들의 혼魂과 넋에 대한
역사歷史의 숨겨진 자취들….

억만년 태고太古의 이야기들
고을마다 지나온 긴긴 자취 보여 주며
후손들에게 좋은 꿈을 전한다.

정절貞節 외 1편

김 영 돈

점점 더해지는
서릿발의 날카로운 추궁에도

여미고 여며 죄는
저 푸른 치맛자락

겹겹의 치마폭에
곱게 곱게 감추어진
수줍은 속살 보일세라

조이고 또 조여매는
배추 포기의 굳은 정절.

바람 속의 저 소리

불면不眠의 베갯머리
텅 빈 고요 속으로
가만히 밀려오는 작은 바람 소리

간혹 덜렁거리는 여울물로
때론, 정인情人의 나직한 귓속말로
도란도란 밀려오는 바람 속의 저 소리

그저 스쳐 지나는 바람일 뿐
뜻 모를 이 설렘은 무엇인가

떨어져 누운 꽃잎, 가만가만
어우르는 유순한 저 바람 소리에
멀미처럼 울렁이는 연유가 무엇이던가

여린 별빛 살포시 내려앉은
불 꺼진 창에, 자락자락
알 수 없는 서툰 방언放言으로
그 누굴 흔들어 깨우나
저 바람 소리

비라도 흠뻑 내려, 저 바람 소리
잦아들면 어이 하리

귀를 활짝 열어 영접하는
바람 속의 저 소리

꿈길 저쪽 아득한
태곳적 그리움 하나.

달빛 고운 옥색 저고리 외 1편

김│용│길│

석양은 곱디곱게 수평선에 저물고
구름 걷힌 푸른 청산 휘영청 달 띄우다
자옥이 안개 낀 이 강산에 눈 뜬 먼동 터온다

하루를 백년같이 꽃가마의 꿈을 꾸며
가을 깊어 애태우던 찬 서리의 밤은 가고
낭자의 부푼 가슴에 아침 해가 떠온다

산 깊은 그리움도 골 깊은 한 시름도
손 바람에 날리어 가슴 하늘 쾌청하다
달빛 곤(고운) 옥색 저고리에 금싸라기 내린다.

그리운 옥비녀

불러보는 들창엔 산새 우는 메아리만
눈물잔에 뜬 달아 뉘 가슴의 슬픔이뇨
옥비녀 아롱아롱 떠올라 지새우는 밤이여

섬섬옥수 고운 손길 내 옷깃도 여며 주고
호박잎 된장찌개 보리밥상 차려주던
당신의 그 웃는 얼굴 다시 볼 수 없으니

낭군郎君 사람 팔베개를 아쉬워서 어쩌려고
싸가지고 가질 않고 하늘 가기 바빴구려
아끼는 비취옥 가락지마저 놓아 두고….

오늘 갈 길 모르고 내 가슴에 뜨겁게
사랑 깊이 묻어 놓고 홀연히 떠나다니
어떻게 울어 새워야 당신 볼 수 있을는지.

가고픈 고향 땅 외 1편

김 | 인 | 식

고향 땅이 코앞에 있지만
155마일 휴전선
철통 같은 장벽에 가로막혀
갈 수 없는 가고픈 고향
그토록 밟기를 소원하는 실향민
긴 세월 깊은 상처만 남았습니다

아직 살아 있을지 모를
가족과 친지 모습이
희미한 기억 속에 부풀어
살아서 다시 만나기를 소망합니다

꿈에 그리던
이산가족 상봉의 날
그리운 고향 땅 밟을 수 있어
설레이는 마음
뜬눈으로 지새우고

감격스레 고향 땅 밟으니
부둥켜안고 울며
눈물로 흠뻑 젖은 날
한 맺힌 상처 치유되는 날이었습니다

30분만 가면 될 그곳을
70년 세월 걸려 왔다니
웬 말인가
아! 잃어버린 긴 세월

이제 몸도 늙고 마음도 약해
초조해지는 나이 되었지만
통일의 그날을 잊지 않고
손꼽아 기다려지는
그리운 고향 하늘만 쳐다봅니다.

어찌 그날을 잊으리오

피 끓는 가슴 높이 솟구쳐
절규의 소리 아! 대한독립 만세 외쳐
피 맺힌 가슴에 응어리 풀어헤쳐
가슴 벅차 솟아나는 그날의 함성

귓전에 들려 메아리쳐 들려오니
어찌 지금인들 그날을 흘려보내랴
광복의 날 손꼽아 기다려 숨죽여
가슴 조여 움켜잡고
한 맺힌 가슴앓이하였다네

꿈 같은 날 찾아와
가슴 조였던 순간들 떨쳐 버리고
숨통 트여 광복의 날 이루어 내니
민족의 혼 서로 엉켜 춤추었던 감격

우리나라가 있기에
너와 내가 있어 가족이 있고
따뜻한 봄날의 가정을 이루니

아! 그날의 기쁨 어찌 잊으리오
광복 70주년 맞아 기쁨 노래로
외쳐 보세 대한민국 만세

시의 숨소리 외 1편

김｜정｜완｜

구름이 꿈을 스쳐 가는 서른다섯 개 시비정원
이른 봄 설유화 꽃무리 가여운 눈짓이
여린 선율이 명치끝을 적시어
자연과 영혼의 교감 속에 청청靑靑한
생명을 불어넣어 온 시의 정원 십 년
도리어 나를 가꾸어 주는
나무들 가장 여린 초록이
실핏줄 비치는 시의 잎새들이
비 내리면
소나무 동그랗게 천심天心을 열어
솔잎 끝에 영롱한 이슬이
하얗게 하얗게 눈 떠오는 시의 숨소리
두근두근 달빛이 숨을 열어
은하의 물빛 반짝이는
눈앞의 옥림 바다 달빛의 만파식적萬波息笛이여!

바다, 비취빛에 들다

하늘 경계의 호수 바다 맑고 잔잔한 날이면
내게 오는 비취빛 당신
은빛 영원 속에
내 마음 맨살 그대로
팽팽히 당겨 가는 빛의 소용돌이
꽃잎보다 붉은 나의 젊은 날이
수평선을 넘어
고운 물주름 위에 쏟아낸 혈흔 같은 빛의 황홀 속
소곤소곤 미끄러져 감기는 먼 바다 빛의 궁전
바라만 보아도 홍조로 젖는 내 볼에
저렇듯 애절한 바람결에
비취빛 물드는 내 마음
언제나 당신을 바라보리.

가는 세월 외 1편
―가을, 봄, 여름, 겨울나기

김｜종｜기

   가을에는 가랑가랑 가을 잎이 떨어진다. 가랑잎 쓸쓸한 철을 실하게 보내고, 눈발이 곰실곰실 쌓이는 높새바람의 모진 추위를 다복다복 견딘다. 봄맞이할 고운 태세를 겨울 내내 다진다.

   노고지리 노랫말 따라 새 이파리들이 천지 속으로 여리게 보드랍게 쏟아진다. 연두의 빛깔은 제각각 다른 슬기의 맛을 지닌다. 유심히 찬찬히 보자. 봄 동산에 어디 같은 연두색이 있더냐!

   여름으로 철을 바꾸면서 짙을수록 합력하여 한 녹음 통속이 된 세상은 방울방울 땀범벅. 무더위의 고비를 살금살금 기어 넘듯 다가서는 입추, 어느새 또 가랑가랑 가랑잎이 휘날린다.

   내 더위 네 더위를 사이좋게 나눠 팔며 먹더니 한 살 더 드셨구려! 얼씨구 좋다! 우리의 추임새가 눈물겹지만 어이 하리야, 무작정 가는 세월 그 누가 붙잡아 앉히겠는가! 얼쑤, 좋구나!

사랑의 원리

나를 사랑하지 않고
남을 사랑할 수는 없다

남을 사랑하지 않고
내 사랑을 이룰 수도 없다

상대가 있어야 사랑이다
외사랑도 사랑의 대상이 있다
쌍방간의 사랑이 아닐 뿐이다

나를 사랑하는 게 비롯이라면
너와의 사랑, 우리의 사랑이
완벽한 사랑의 전형이지 않느냐

작은 꽃에서 큰 짐승까지
암컷 수컷이 생명 탄생의 뿌리,
사랑은 암수의 뜨거운 합일이다

남녀의 아름다운 일체가
사랑의 근본 이치며 원리인 것을.

산문山門 외 1편

김│종│원│

등이 굽은
하현달
산문에 걸려 있고

어둠 짙은
솔밭에
밤새 소리 애잔한데

외로움에 지친
절집은
적막하고

까까머리
수도승은
이 밤도
좌선坐禪에 든다.

세월

찰랑찰랑
동구 밖
논배미 돌아가는
도랑물 소리

성큼성큼
세월도
그렇게 흘러가네.

서툰 사랑 외 1편

김 주 옥

빗속의 빗물끼리 악수를 하고
황혼과 일출이 포옹하네

한 세대와 다른 세대가
흐르는 강둑 위에 서서
시계 배터리를 빼놓고
아닌 듯 웃음 짓네

단단한 나무 등걸로
흔들리는 초침을 누르며
청춘은 서둘러 문밖을 나서네

아주 오랜 기억의 문양이
가을 숲에 내리고
열린 희망의 비밀 속으로
어둠을 가로지르네

청바지 속의 싱싱한 근육이
밤 기차를 타고 미지의 여행을 하네
깜박, 떴다 감은 눈시울이 붉어지네.

낯선 혹은 부드러운 시선

마주치는 것만으로
싱싱해지는 눈빛
저녁 어둠 속의
태양광선

바람에 실려 오던 들꽃의 향
찰나의 인연,
그대가 주고 간 기쁨

적막을 뚫고
내 침상 위에 뿌리는 달빛
심장의 꽃
환희 피어나는.

이상한 동물 외 1편

김│진│동│

요즘 걸음 잰 젊은이들은
순정이라는 이상한 동물이
머리가 나빠
멸종되었다고들 하는데

젖은 가슴 아궁이에 부싯돌에 갇힌 불의 씨앗같이
폭풍우에도 꺼지지 않을 티 없는 말 몇 마디
눈부시게 그어 넣을 줄 아는
시인쯤 되는 내가

어쩌자고
눈부셨던 축제의 여운처럼 이울어 가는
석양의 은빛 가루를 머리에 뿌리고 앉아
중2 때 옥이 그 계집애 생각을 하는가

하여
간신히 잠든 이상한 동물이
보슬보슬 깨어나 잠잠한 내 가슴 안마당에서
황홀히 어질머리를 앓듯
눈먼 세월을 소복소복 쌓아 놓게 하는가

아아, 수많은 처음 중에
너와 나의 작은 가슴에서 가슴으로 판

순정의 샘물이
간신히 늙어 가는 가슴에까지 따라오며
샛별처럼 애틋이 고여 흐를 줄이야.

가을이 와서

가을이 회초리바람을 몰고 와서 푸르디푸른
떡갈나무의 가슴살을 일몰의 햇살에 비추며
속 깊이 감추어 둔 그리움 한 쾌씩을 토해내라고
닦달을 합니다

잔정 많은 나무는 온몸의 혈관을 타고
무르익은 천상의 호흡이 입술에 만개할 때까지
소리꾼의 목청처럼 낭창낭창한 날개로
불꽃춤을 추고 나서
해탈한 듯 부유한 자의 껍데기 같은 옷을 벗어
끔찍한 밤을 보내게 될 시린 발등에 던져 주고
고결한 허공에 채집된 알몸으로 동안거에 듭니다

이 가을, 유배의 길을 나선 듯 발걸음 무겁고
깃털같이 가벼운 것들만 어지럽게 흩날리는
내 가슴속에 바스락거리며 다가오는 발소리 있습니다
삶 속의 많은 만남 가운데서 그리움의 둥우리에
쏙 들어앉아 내 가슴속 연못에 저릿저릿한 얼굴이나
비쳤다 말도 없이 사라지는 그 사람의 발자국 소리
두꺼운 내 살옷을 벗겨 발등을 덮어 주고 싶은,

나는 희망이고 절망이고 다 버리고
안으로 안으로만 뜨겁게 제 살을 태워

하늘에 색실로 수를 놓는 노을을 보며
당신도 눈물로는 닦아낼 수 없는 매운 꽃을
내 쾌자 자락에 노을처럼 수놓고 있을지도
모른다는, 그런 염치없는 생각도 해 보았습니다.

백두산 가는 길 외 1편

김 태 수

산꽃은
반갑게도
철따라 미소지만

눈 쌓인
백두산의
폭포는 떨며 울고

장백산
푯말 붙잡은
나그네도 운다오.

나이테

인생 칠십 살기 드물다 했는데
흰 서리 내린 쌍칠雙七이네

그립던 옛길
손가락으로 짚어 보면
아지랑이 속 아련한 추억

기다림은 저 앞에 서서 가는데
두 팔 뻗어
잡는 시늉만 한다

이마에 길 하나 더 늘었지만
내일은 하나 더 그리더라도
더 좋은 즐거움 찾아가야지.

골목길을 지나며 외 1편

김 태 자

후미진 뒷골목에
분꽃들이 피었네

마당 넓은 집 꽃밭
빨강 노랑 하양 기억

몽글게 갈아 얼굴에
수줍은 꿈이 피었지.

제자리

돌아오는 길목은
스산한 바람 불고

손 내미는 이 없이
홀로 아픔 삭이며

상실과 받아들임에
밤을 낚아 올렸네.

나비 마을 외 1편

김|학|순

신록이 녹아 흐르는 유월
저녁나절 온 산에는
하얀 나비 떼 가득하다

녹색 날개에
하얀 점들을 찍고
날아오르는 나비 산

하늘 깊숙이 날아
그 어딘가에
나비 마을을 만들고 있는가 보다

푸른 하늘에
하얀 꿈을 꾸는 곳
사랑이 가득 자라는 마을이겠다

어느새 나도
나비 날개를 달고
팔랑팔랑 뒤를 따라가고 있다.

낙엽 하나

낙엽 하나
팔랑팔랑 나비 흉내 내다가
나뭇가지 사이에 걸터앉아
가쁜 숨 몰아쉰다

'나도 파란 하늘로 올라갈 수 있었는데,
바람 때문이야'
'허허'
바람은 헛기침하며
잔가지 가볍게 흔들고 사라진다.

가을 외 1편

김 해 성

늦가을 비가
소리 없이 내린다

낙엽은 짝지어
정남을 이야기한다

오뉴월
뻐꾸기 울음소리
지심 속에 잠이 든다.

낙엽

뜰 터 밭에 떨어진
한 잎, 두 잎, 세 잎 낙엽

슬픈 대화
기쁜 대화
낙엽들은 모여 산다

대화는
있다면 그래도
희열 속에 내일을 바란다.

금비녀 외 1편

김｜효｜겸

금비녀
약속
지키지 못한
불효자
어머니 묘 앞에서
슬픈 얼굴
보이건만
대답 없이 풀만 무성하고
웃는 얼굴 살며시 스치는데
당신 모습은 영영 보이지 안 네요
불효자는 웁니다
추석 명절 앞두고 금초 하던 날
그리운 어머니
내 어머니
마음속의 금족두리
금비녀 바칩니다.

엄니

엄니
엄니
불러보고
다시 불러보고 싶은 엄니
정성으로 해준 햅쌀밥
언제 다시 먹어 볼까
당신 머리 잘라 받은 돈으로
생선 반찬 만들어 준 정성
무한한 사랑
엄니의 사랑 탑
하늘 위로 높아만 가네
가을이 오면 맛깔스런 토란국
별미 중 별미였지요
언제 다시 그 맛 볼 수 있을까
엄니 토란국 솜씨 맛보고 싶어라
우리 엄니 최고야.

단비의 광시곡 외 1편

김 훈 동

단비가 내렸다
목젖까지 타오르는
갈증에
깨드득 내렸다
뜨거운 여름 마시며
신열을 앓던
대지에
와하하 내렸다
애타도록 보채 온
가슴에
페르르 내렸다
단비가 내렸다.

노년의 풍경

세월도 따라간다
화살같이 스쳐 간 부메랑

무거운 삶의 보따리
머리에 이고
한 세상 잠시 머물다
또 다른 유성流星으로
길 나선다

점점 사위어 가는
잿불 속
우련히 저물어 간다

가물가물한 기억들
아쉽게 저물어 가는 하루
지나온 자리에
되돌아 번져나는 그리움
세월의 강을 건너고 있다.

장대비 내리는 날에는 외 1편

노│민│환│

비요일
천둥 번개 요란한 장대비
이런 날엔 눈도 귀도 가려진 채
그리운 사람에게 홀랑 보쌈이라도 당해
낮도깨비 방망이에 홀린 듯 그렇게 업혀 가고만 싶다

젖은 주막
그 오두막 창가에 마주 앉아
흐릿한 호수의 물안개 내려다보며
싱거운 산나물 반찬에 파전 안주로 놓고
걸걸한 동동주 표주박에 따라 주거니 받거니 마시고

취기 오르면
추억 속 옛 노래 부르며
아쉬움 켜켜이 묻고 살아온 세월
무겁고 힘겨운 그의 피곤한 등에 기대어
아련한 그림자를 찾아 잠시나마 선잠을 청하고 싶다.

석양의 촌부

세상살이 텅 빈 하늘
아픈 흔적처럼 피어난 뭉게구름
서산마루 어둠 따라가며 산고 치르는 핏빛 노을

땅거미 지는 밭에서
툭툭 흙 묻은 발을 털며
무표정한 허수아비 곁에서 노을빛 하늘만 본다

아득히 멀어진
구름처럼 사라진 세월
앙금 같은 기억 담배 연기 속으로 날려 보내고

황혼 내려앉은 언덕에 앉아
가슴 밑바닥에 남은 것들
석양 등지고 바람에 다 날리며 미소 짓는 촌부.

가을의 뒷모습 외 1편

노선관

잡초들만 가득한 묵정밭
그 밭머리로
회색빛 바람이 몰고 온
황량한 오후의 하늘

이제는 노쇠하여 운신이 버거워진
저 농부
이웃들이 안타까워할 정도로
변변찮은 한해 농사가
속 저리게 민망스럽고

고개 숙인 채
후줄그레이 떼어놓는 발걸음이
덧없는 인생만큼이나
마냥 서럽다

이 가을도 저물고 나면
그 끝에서 서성이고 있을 세월은 또
얼마나 비정하게
그 작은 가슴을 후벼 내릴 것인가.

꽃 이야기·5

제대로 핀 꽃들은
씨앗을 남기느라 아프다

씨앗이 터잡느라 씨방이 아프고
씨앗을 품고 야물리느라 살이 아프고
야문 씨앗을 떨어내느라 겪는 산통
또한 죽음에 버금가는 아픔이다

그 아픔을 예감해서인가
더러는 신이 점지하는 씨앗을 아예 거부하기로 작정한 채
무늬만 그럴싸하게 흉내내다가 사그라지는
허접스런 꽃을 만나기도 한다

신의 뜻을 거부한 그 자리에는
신의 노여움이
뼛속까지 파고드는 아픔으로
새겨지는 것은 아닐는지.

죽순 외 1편

노연희

마실 길 대나무 숲 잘 마른 땅바닥을
할아방 꼬부랑 등 오가는 열반의 세계
쉽사리 꿇지 않는 뼈 눈물겹게 시리다.

어머니

촘촘히 시골뜨기 길 하나 엮어 놓고
진종일 하늘 품고 추억이 머문 자리
맨발의 노을빛조차 매달리는 굽은 등.

새벽 종소리 외 1편

노 준 현

참선하는 스님의 합장 소리 담아
낙산사 경내를 빠져나온
새벽 종소리
황촛불처럼 끊어질 듯 이어지며
속세를 파고든다

홍연암 동굴에서 통곡하던 파도 소리
노승의 장삼자락에 묻혀
벚꽃처럼 하얗게 부서진다

살아가는 기쁨과 슬픔 고통과 환희가
희석되어 이끼 낀 보금자리에
속세에 부는 바람 소리 가르며
새벽을 여는 종소리가
내 가슴에 떨어진다.

여울목

이별은 행복 뒤에 숨어 기회만 엿보고
서러움은 이별을 앞세워 강물처럼 밀려온다

봄볕에 풀잎들이 고개 들고 일어서듯
아침 산그늘 속에
희디흰 산벚꽃 물속에서도 하얗게 곱다

병풍처럼 둘러싸인 산들은
마주 보는 산들을 침묵으로 휘몰아 넣고
봄날도 한때라고
아지랑이 꽃처럼 피어나는 봄꽃, 그 그리움을
불꽃처럼 태우고 있다

제아무리 저녁노을이 붉다 한들
물살을 가르며 튕겨져 나오는 아침 햇살 그리워하듯
생은 그렇게 어둠이 밀고 있었다

우주가 회전에 탄력을 받았는지
엊그제 걸어 놓았던 달력
반쯤은 찢겨진 어느 봄날 오후
벚꽃같이 수줍게 웃고 있다.

봄 외 1편

도 경 회

사람 사는 거 팔모니라
좋은 날도 있을 거야
이제 그만 울어라

송홧가루 노랗게 날리는 날
반들반들 윤이 나게 닦아 놓은 등황빛 대청마루
버릇없는 장닭들 함부로 발자국 내어도
말없이 몇 번이고 마루를 닦으시던 어머니
치맛자락 슬픔 길어 사각거렸다

어린것의 어미가 되어
밝은 볕살 복사꽃 그늘에
말없이 나 오래 서 있다

너를 위하여 평생
아니 저세상에 가서도
내 아픈 손가락으로 슬픔의 푸른 실 잣는

늘 마르지 않는 샘물임을 아는지
한 줌 뜨거운 흙
올해도
제비꽃 한 송이 품어다 준다.

추수감사제

흰 매화 같은
어머니는
젊어 편마비를 앓았다

그 몸으로 더운 못밥을 내곤 하셨다

겸허하게 땅에 입 맞추며 한철 내내 흘린 땀으로
강누 들판 동쪽 귀퉁이가
온통 금빛 물살로 출렁인다

곡식의 낟알보다는
더 많았을 땀방울
비손질 같은 신성한 노역에도 잡히지 않는 세월

남모르는 어머니의 애절한 땀과 눈물
하느님이
아직도 풀 꿰미에 수정구슬 꿰어 가며
장엄 축복하신다.

대청호에서 외 1편

류 순 자

웅크리고 있던 몸
슬픔의 눈금을 그린다
주체치 못하는 눈물
마음의 길을 내고 있을까
애절한 뻐꾸기 울음 흐르는
이 밤
잔물결로 오는 달은
온 밤 물속 드나든다
숨죽여 지켜보던
산도 바람도
놀란 가슴이다
풍경을 압도하고
번뇌 씻어내는
목탁 소리는 더 커진다
숨어든 생각들은
차가운 바람만 감기고
문득 고개 드니
청빛 밤하늘엔
잃어버린 미소 꿈틀댄다.

마중

어느 길로 오시렵니까
잉잉거리는 내 안의 바람에도
시방 삼세 가득한 임이시여
어디쯤 가야만 친견할 수 있으리까
하얀 그리움만 아스라이 피었다가 질까 봐
자꾸만 수줍음이 번집니다
임 찾아 나서는 길
어디쯤이면 주저하지 않을는지요
천지를 가득 메우는 미소를 보며
찾아온 얼굴에
길을 확인해 주는 오늘
잃어버린 꿈 찾아 이 어둠 속에서도
앞만 보고 걷느라
내 모습 잃었습니다
돌아설 수 없는 꼭 이만큼의 거리에서
환희 속 부서지는 번뇌를 봅니다
여름이 반란하는 이 팔월
야윈 비수 한 자루처럼 남게 될지라도
바람 불면 구름이 되고
비 오면 온몸으로 맞고 기다립니다.

집 없는 시인의 집 외 1편

류|재|상|

예쁜 꽃잎 하나를 약 250평가량 확대해 놓고 그 위에
집 없는 가난한 시인이 집을 지었습니다!
처음에는 그 흔한 양옥洋屋을
지을까
하다가
또 한 번
그윽한 한옥韓屋을 그려 보다가
끝내는
가난한
영혼을
뽑아 작은 초가草家집을 지었습니다!
그래도 그 예쁜 꽃잎 위에 보름달처럼 둥그렇게
떠 있는 환한 초가집 한 채! 그 향긋한
뜰에는
언제나
시들지
않는 웃음꽃이 활짝 피었습니다!
저쪽 시간
밖에 사는
내 친구
창호昌浩도 가끔씩 놀러오고요!
하늘도 세상이 몹시 싫은 날, 꽃잎 위의
우리 집 대문을 살짝 열어 봅니다! 예쁜 꽃잎 하나를

약 250평가량

확대해 놓고, 그 위에 집 없는 시인이 집을 지었습니다!

하늘이 옷을 벗을 때
—죽음의 찬가讚歌

소문처럼 하늘은 그렇게 텅 비어 있지 않았습니다!
알찬 습기로 언제나 촉촉히 젖어
있었습니다!
파랗고 깨끗한 살결 위에, 뜨거운
숨결 같은
그런 촉감을 갖고 있었습니다!
해가 지는
놀빛
아래 신방新房 같은 황홀한
공간에서
하늘은 조용히
옷을 벗고
나를 완전히 흡수하려
했습니다!
가장
짜릿한
순간은 하늘이 마지막 속옷을
다 벗어 던지고, 잿빛 같은 캄캄한 제 삶을 완전히
파랗게 흡수하려 할 때였습니다!
멀고도
아득히
들리는
교회의 종소리 같았던

그 많은 삶의
순간들을 다 벗고
영원으로
편안히 잠자리에 누웠을 때!
하늘과
나는
그만 가장 뜨거운
초야初夜가 되고 말았습니다!
소문처럼
하늘은 그렇게 텅 비어 있지
않았습니다, 알찬 습기로 아름다운 여인女人처럼 그렇게
젖어 있었습니다! 파랗고 깨끗한

살결 위에, 꿈결 같은 그런 달콤한 촉감을 갖고 있었습니다!

황혼의 인생 행복 외 1편

류│한│평│

지난 세월 전광석화
인생 여정 일방통행로
되돌릴 수 없으니
아무렇게 살아선 안 된다

어느덧 정년 환갑
황혼의 끝자락인가

세월 타고 가버린 젊음
아쉬움
통탄하면 무엇하리

이제는
원한 분노 불만 과욕
사악한 마음 모두 내려놓고
마음을 열고
지혜도 열고
경륜도 열고
지갑도 열고
좋아하는 일 찾아
열정을 쏟으면
행복한 노년의 봄
만끽할 수 있으리라.

청명한 초가을

하늘은 높고 푸르고
바람은 시원하다
무더위 물러간
상쾌한 가을이 너무 좋다

길가 코스모스도
가을바람이 좋은지
하늘하늘 춤춘다

시냇가 갈대들
오솔길 왁새들
하얀 흔들흔들
반기니 좋다

해 지면 귀뚜라미 비창
쓸쓸한 감회에 젖지만
가을 정서를 일깨우니 좋다

지붕 위에 탐스럽게 익은 호박
풍요의 감상에 젖게 하니 좋다

우울증 막는
비타민 D 만드는 가을 햇살

몸에 방사되니 좋다

가을 대표 과일 포도송이
보기도 맛도 향도 좋아 좋다

들녘 허수아비
만나니 반갑고 좋다
가을걷이 끝났다고
함부로 하지 말라
무보수 봉사 얼마나 감사한가.

아버님 전 상서 · 1 외 1편
— 물지게

리 창 근

물지게 양쪽에
양동이 걸어 놓고
똑같은 양의 물을
물동이에 붓는다
균형이 맞지 않으면
이리 비틀 저리 비틀

평형 저울 모습 보면
물지게 생각이 나
법원 앞 지날 때면
저울을 바라본다
세상의 모든 일들이
이 같으면 좋으련만

한쪽만 생각하면
언제나 문제가 돼
양쪽이 공평해야
평화가 유지되지
함부로 하지 말아라
너 생각에만 빠지는 일.

아버님 전 상서 · 2
―똥장군

남새밭 오줌동이
한가득 물을 주고
돌아서 나오는 길
똥장군이 생각난다
아버지 똥장군 똥물
얼마나 채울까요?

'목까지 채우거라.'
아버지 말씀 뒷전
꾀부려 여유 두고
적당히 채운 장군
비탈길 오르내리다
똥물 세례 받던 시절

한참을 생각해도
왜 그런지 알 수 없던
그때의 그 일들이
새록새록 살아나서
아버지 말씀 어겼던
그 시절이 다시 살아.

쇼팽의 독주회를 만나고 외 1편

맹인섭

한여름 밤,
푸른 단상으로 내리는 빗줄기처럼
피아노의 선율은 청민하게 젖어들어
가슴을 어루만졌다

천상의 선물로
축복받은 마알간 마음
나누는 얼굴들과 시간을 회유하는
무성한 자유로움으로
일상의 사념들을 감싸안는 잔잔함으로
마주르카 향수
폴로네이즈 힘은
오래도록 간직할
연서의 춤을 추고 있었다.

가을이 켜는 노래

황혼녘 닮은 세상의 물결이
날세운 그리움으로 불붙고 있다

알알이 고개 숙인 들판에는
곡식이 황금색으로 노란 물결이고

앞마당 감나무에 향수가 익어 매달리고
뒤란의 바람 소리에
시름을 견디어 낸 대추나무의 몸짓이
저 나름의 사색으로
온통 붉은 빛이다

'나는 나다
내 인생은 내가 책임진다' 는
내 안의 약속으로
영글어 가는 가을은
어디쯤에서 웃으며 오고 있을까
겸허한 새벽 속에
가을 풍경이 한창이다.

몽화夢花 외 1편

문 영 이

내일은
여명이 밝아오리라
어리칙칙한 꿈이라 해도 좋아요
새벽이 오지 않는다 해도
다시금 땅을 일굴 거예요
삶의 파편들이
메마른 대지 위에 쏟아져도
생명의 꽃을 피울 거예요.

매지구름

당신이 내게
손을 내밀었을 때
갈가마귀
땅으로 곤두박질치던 걸요
당신과의
거친 입맞춤이 시작되니
하늘이 흔들리던 걸요
대지의 이기(利己)는
살무사의 대가리
물칼로 탈바꿈한
그대는
정의의 용사.

가을 바다와 여인 외 1편

문│인│선│

하늘을 바라보던
골똘한 얼굴 살짝
틈이 비쳤다
불쑥
바다를 끌어당긴 여인
바다를 덮고 누워 버렸다
백사장은 슬며시 제 무릎 내어 준다
파리한 입술 목덜미가 희다
당황한 바다는
멈칫멈칫
썰물이 되지 못하고
주춤주춤
밀물도 되지 못할 때

서녘 하늘 붉게 달아오른다.

열녀비

구름도 쉬어 간다는 고을, 월운
두 아름드리 정자나무 지켜보는 마을 입구
열녀비 하나 있다
마을을 지키는 대문처럼
고장의 상징처럼

내 어릴 때
자랑처럼 듣던 얘기
고을 내 어떤 시비是非도
다 승소케 하셨다는 문장가
양반이 드세어서 그 누구에게도
하대를 했다는 할아버지
그 할아버지 임종 앞서
시집올 때 소, 돼지, 염소까지 바리바리
몰고 오셨다는 할머니
자기 손가락 은장도로 단지하여
붉은 피 방울방울
깔딱 고개에 들어선 할아버지 입술에 적시니
염라대왕이 보낸 저승사자도 감동하여
차마 모셔 가지 못했다고
할아버진 깨어 나셨다고
할머니 희생적 공적은
열녀비로 가문을 빛내었다고

그 할아버지도 그 할머니도
얼굴 한 번 본 적 없는 나는
열녀 애기 들을 적마다
할머니가 요조숙녀 아닌
장군처럼 느껴졌는데

아, 자랑스러웠던 그 열녀비
마을 앞 도로가 넓혀져도
사차원 장비로 무장한 병원이 생겨도
옛날처럼 버티고 서 있지만

이젠
아무도 자랑하는 이 없고
찾는 이 없는 열녀비
홀로
가을 낙엽처럼 쓸쓸하다.

클레마티스 외 1편

박│건│웅

노끈처럼 긴 이름 많기도 해라
좋은 이름 나쁜 이름 두루 가졌구나

몹시 더운 날
시원한 그늘 만듦으로
아가씨의 나무 그늘 나그네의 기쁨 같은
좋은 이름만 가졌으면 좋을 걸

거지들 일부러 몸에 상처내
너의 잎 문질러 발라
흉하게 보여 동정 받으려 해서
거지의 식물이란 이름도 있다니
왠지 껄끄럽고
악마의 모양새란 이름은
섬찍하구나

하지만 누구에게나 달라붙으려 하여
사랑이라 불리기도 하는 너
마음 깊은 샘 아름답게 솟게 하니
너야말로 고결한 숙녀로구나.

보리

속은 비었으나 곧은 줄기
칼 모양의 잎과 벗하여
까끄락을 수건같이 두른 이삭

이삭에 피는 누런 꽃 색 향기
내놓을 건 못 되어도
보리 핀다는 말 널리 퍼졌지

오랜 세월 곡식의 자리
꿋꿋이 지켜온 고마운 식물
다양한 표현도 생겼지
'보릿내를 꺾다는 다툼
부러진 보릿대는 분쟁
불 붙는 보리는 재산 상실
보릿다발은 경제
젖은 보리는 투옥
남녀의 사랑은 보릿다발 타오르듯'

이런 암호 같은 말들
나름대로 의미 지녔으나
꽃말 '일치단결' 엔
비할 바 아니지.

능소화 외 1편

박│경│인│

주황색 개량 한복을 입고
수줍은 듯 아름다운 미소
황급히 담을 타고 넘어왔다
시기와 암투로
끊어진 발걸음
냉방으로 밀려난 고독이
전율을 타고 그리움으로 지쳐 버렸다
장미처럼 가시라도 있으면
생채기에 피가 나도록
찔러 보기라도 할 텐데
한이 맺혀 대지가 타들어가는
여름날에 꽃이 되어 돌아왔다
비바람에 피고 지고
향기를 머금어도
그저 바라만 볼 뿐
어렴살이 만지다가는
눈이 멀 수도 있겠다.

산

산山은 깊을수록
골짜기와 계곡물이
어머니의 품이 되어
대자연의 포근함으로 감싸 준다

산은 높을수록
온갖 역경 속에서도
삶의 보람과 인내를 일깨워
덕을 쌓고 평상심을 길러 준다

산을 보면
천길 절벽 끝자락
낙락장송 위에 새들이 날고 있고
그리움을 가슴에 새긴다.

산은 기다림으로
낙조가 깔리면
보금자리를 찾아
명상瞑想으로 구도자가 된다.

제암리 순국기념관 외 1편

박근모

회당에 가둬 놓고 불지른 살인마들
산화한 영령들의 뼛속 깊이 새긴 원한
활화산 같은 분노를 토해내는 피울음

인명을 초개같이 함부로 베어 가며
반도를 집어삼킨 왜병들의 잔학행위
맨손에 횃불을 들고 저항하신 선조들

병마를 동원하여 국권을 찬탈하고
허기진 아귀같이 약탈해간 떼강도들
참회를 할 줄 모르는 낯 두꺼운 철면피

적수로 저항하는 양민을 짓밟으며
순진한 백성들을 마구 잡아 해친 왜구
기필코 되돌려주리 왜노들의 만행을

힘없어 당한 희생 지울 수 없는 참상
울분을 삭이면서 발굴해낸 기록유산
제암리 순국기념관 후손들의 계시록.

논개

의암을
싸고돌아 뒤틀며 내리닫는
나는 듯 거센 물결
임의 혼이 잠든 자취
남강의 아픔을 안고 싸고도는 비취물살

국난을 당하여서
누란에 처한 백성
왜장을
쓸어안고 물속 깊이 스러져 간
석류빛보다 더 붉은
임의 심장 뜨거워라

남강에 서린 사연
논개의 붉은 혼백
드높은
석벽 위에 사당 지어 받든 신주
촉석루 풍경 소리에
실려 가는 임의 숨결.

여행길 외 1편

박 | 달 | 재

긴 가뭄 유월도 마지막 날
타는 가슴 적시어 볼까
청학동 지나 삼성궁*에 갔었네

오르막 돌고 돌아 긴 수행길
물보라 폭포 곁에 시원한 정자

입구 '신발을 벗고 들어가세요'
서고 앉아 있는 사람 열 명
벗어 놓은 신발은 세 켤레
일곱 켤레는 어디로 갔을까
두리번, 두리번

명품 복장에 반들거리는 얼굴들
'글을 읽을 줄 모를까?'
'상식이 부도났을까?'
'고성방가까지….'

부끄럼에
땀이 소나기로 쏟아진다.

※삼성궁: 환인, 환궁 단군을 모시는 수행 도장, 민족 선교를 공부하는 도량

아내의 문

아무 때나 마음대로
문을 열 수가 없다
늘 꼭 잠겨 있는 문

노크를 한다 여보, 여보, 여보
대답이 없다 '못 들었을까?'
다시 여보, 여보, 여보
더 크게 노크를 한다

왜 그래, '퉁명스럽다'
순간 아찔한 현기증
아무 말없이 돌아선다

오늘도 문을 열지 못했다
'내일 다시 열어 볼까'

곱셈을 해봐요 외 1편

박|대|순|

덧셈 뺄셈 나눗셈
여하튼 존재와 이상
아늑한 세월만 더듬을 때
영혼이 머물 수 있는 가슴
당신을 사랑해요
햇살과 바람 곁에서
투쟁하는 노동자들의
얼룩진 날을 그리고
잃어버린 미소를
내가 버린 언어들과 함께
당신을 사랑해요
오로지 당신의 뜻이라면
내 평생의 숨결과 눈물로
사랑하겠어요
못 믿겠으면 조용조용
덧셈 뺄셈 나눗셈
곱셈을 해봐요.

저 물길을 거슬러 올라가면

생각이 날 것이다
탱자나무 울타리 옛집에 살던 친구와
시냇물에 흘러간 옛 친구들 웃음소리
덧없는 한 세월이 끝나고
따뜻한 봄바람이 경상도 가시내의
지분 냄새를 보낼 것이다
여기서부터 네 사랑을 말하리라
살짝 웃는 몇 구절 미소는
빠르게 뛰는 네 심장에 사랑으로 붙들릴 것이고
사랑의 옛 이름이 적힌 세월
그 몇 조각은 아직 잠들지 못한 채
해마다 봄 들길을 방황할 것이다
옛것이 오늘을 붙들고는
결코 일어설 수 없는 그날의 사랑이
흔적만 남은 신라의 역사처럼
천년의 아지랑이로 피어오를 것이다
아무도 지난날 나의 사랑을
본 사람은 없지만, 잊은 사람도 없으리라
둘이 이 들판과 강가를 따라 손잡고 걸으면
보리밭 가득 종달새 소리 비시시
고향 가시내의 거친 숨소리가 들려오고
여기저기 킥킥대는 참새 떼 웃음소리 들리면
오랜 세월 모아온 부끄러운 지난날이
노을 강에 거꾸로 내린다.

짝을 먼저 보내고 외 1편

박 | 대 | 순

흐르는 바람 속에
인생도 묻혀 산다
언제나 슬픈 사연
먼저 가고 나중 갈 뿐
그리움 등에다 지고
졸고 있는 영혼들.

갈 때는 말 한마디
못하고 떠나가니
산 사람 뇌리 속에
슬픈 사연 남겨 놓고
그대가 떠나간 날은
가슴 치며 울었소.

하나님 믿음 속에
예수님 영접하고
하늘나라 올라가서
영원한 안식 속에
이 세상 굽어 살피며
평화의 빛 내리소서.

공원 풍경

우리 집 뒤뜰 공원
아름나무 즐비하고

까치 떼 참새 떼들
화음 맞춰 노래하고

오가는 많은 길손들
웃음소리 정겹다.

각종의 운동기구
힘찬 맥박 체력 단련

벤치에 삼삼오오
깨 볶는 깔깔 웃음

시원한 공원 그늘에
모여드는 어른들.

잔잔한 개울물에
송사리 떼 맴을 돌고

포장된 자전거길
오가는 베레모들

강아지 끌고 다니며
자식처럼 사랑해.

나이테 외 1편

박 | 래 | 흥

돌고 돌아
칠십 바퀴 나이테에서
피눈물의 통곡 소리 들린다
광대들의 웃음소리가 들어 있다

6·25전쟁, 5·18민주화, 6월 항쟁
강 같은 평화는 흐르지 않고
포연, 최루가스만 안개처럼 피어올라
죽음의 총알이 겨드랑이를 스치니
산 너머 노을이 부글부글 끓는다

십자가의 사랑은
아가의 초롱초롱한 눈망울로 부활하여
새벽별처럼 반짝반짝 빛나는데,
세월이 쌓은 오염된 사유와 허물
수백 번을 벗겨도
벗겨지지 않는 나의 죄

70계단을 올라와 앉아 보니
계단마다 스며든 수많은 희로애락
인생은 태어나서 고생하다 죽는다는
현자의 말씀을 긍정하며
올라온 길 뒤돌아보니 아슬아슬.

그대를 기다리며

그대여! 오너라 어서 빨리 오너라
네가 와야 곡물 심고
농부가 살 수 있다
위정자
국정농단 밉고 또 미워도 오너라

그대여! 오너라 어서 빨리 오너라
네가 와야 고독은
사라지고 행복하다
위선적 사랑이 밉고 또 미워도 오너라

그대여! 오너라 어서 빨리 오너라
네가 와야 이산의 통한은 사라진다
분단의 반도가 밉고 또 미워도 오너라.

가을 소묘 외 1편

박│명│희

엘리베이터 안에
단풍잎 한 장 누워 있다
계절을 잊어버린
어느 고단한 옷깃에 머물다가
빛도 바람도 없는
이 좁은 곳에 떨어졌나
나풀대지도 휘날리지도 못하고
메말라 가는 시간을 보고 있다

증발한 희망이
돌돌 말리고 부서져
누군가에게 치워지면
그렇게 한 호흡은 기억에서 사라지는
소멸의 파노라마
계절이 끝나면 변하는
서글픈 디자인

토양으로 가지 못한
단풍잎 한 장
엘리베이터에 누워 있다.

봄길

들판에 나가면 허리 굽혀
머리 숙여야 하는 것들
애기 쑥 네가 제일 먼저 왔니? 물으면
나도요 나도요 하면서 냉이가 꽃다지가 고개 내밀고
어제 내린 비에 말갛게 얼굴 닦은
산수유가 아는 체한다

아무도 알려주지 않아도 제때에 꼭 와주는
시린 행보
할 말이 없어도 말하게 하는
그 잔인한 희망
와락 쏟아졌다가 어느새 떠나 버리는
슬프고 화사한 빛깔

누가 있을까
그 경이로운 표면 뒤에는.

토란 외 1편

박 병 수

수묵화에 번지는 가을빛은
토란 대궁을 타고 오른다
잎은 넓고 연잎 같아서
이슬로 구르는데
하얀 뿌리는 어떻게
담아 낼까

초가을도 지난
그늘 밭에 토란은
어느 기병의 편자에
방울 소리였을까.

가을비

보냄과 떠남은 같은 마음이리
삶의 지평 위에 또 하나의 시간을 쌓으며
멀리서 들려오는 강물 소리
햇살의 반짝임을 느껴야 하리
들떠 있는 마음도
반조의 내면도
우리에겐 필요할 터이니.

바람[願]·2 외 1편

박 상 교

헛되이 보낸 오늘 하루는
세상을 아쉬워하며 하직한 이들이
그토록 맞이하고 싶어하던 내일이었다

함께 동행하던 세월이
언젠가는 날 떨쳐 버리고 홀로 가겠지

세월의 자취 시름의 흔적은
목덜미엔 주름을 이마에는 물결을 남겼고
낭랑하고 카랑카랑하던 목소리는
탁류같이 거칠고 무거워졌구나

하나뿐인 나
한 번뿐인 삶

범사에 욕심을 버리고 마음을 가다듬어
아름답게 지는 해
여운을 남기는 석양이 되고 싶어라.

금전金錢

눈이 먼다
마음도 흔들린다
세상 사람들이 모두 굴하는 힘
위력이 대단하다

떨쳐 버리고 벗어날 수 있는 사람 있을까?
너도 아니고 나도 아닌
별난 별별난 사람이겠지

얼만큼 수련을 해야만
외면할 수 있는 맑은 영혼을 가질 수 있을까
나 같은 속인에게는 요원한 일이겠지

허나
촌음을 아껴 가며 갈고 닦느라면
학발선인鶴髮善人이 되려나.

별이 빛나는 섬 외 1편

박│서│정│

해를 삼킨 바다
저녁별 뜨면
퐁당퐁당 별빛 소리
나만 듣는다

동동동 물결 따라
바람에 기댄 채
쏙살쏙살 날 새도록
나만 듣는다

물장난 훔쳐보다
살짝 어우러져
별들의 이야기꽃
나만 듣는다.

귀뚜라미

가을 알리는
풀숲에 맑은 소리
목청껏 쏟아 놓는 밤

달빛 별빛 불러들여
또렷이 들려주는
줄줄이 익숙한 멜로디

찾아주는 이 없어도
밤이슬 목축이고
카랑카랑 울어대며
퍼뜨리는 가을 노래
풀잎 향기 짙어진다

설렁한 갈바람 찾아드니
남루한 모습 벗어던지고
떠나 버린 귀뚜라미
귓가에 들리는 듯

또르륵 또르륵 낄낄낄.

새 외 1편

박 선 숙

아무도 찾는 이 없는
고즈넉한 집에 홀로
책길 따라가는데

새 한 마리, 휘리릭
고요 흩뜨리며
한마디

무에 그리 바쁜고

누굴까
뒤늦게 창문 열지만
그 모습 온데간데없구려

고운 목소리 한 움큼
던져 놓기만
내 여린 가슴에.

시詩는

아픔들이
아픔인 채로
화석이 되어
가슴속에 깊이 묻혀 있었다

어느 날
그 화석은 빛을 만나
전신이 분해되고 산화되어
마침내 사라져 버렸다

시詩가 내게
다가온 이후
내 생은
따뜻한 봄날

우듬지처럼
자라나는 마음길에

사랑이었음을.

자작나무 외 1편

박 수 성

지난밤 꿈에 자작나무 숲에 갔어요
유난히도 튼실하고 하얀 몇 그루 심으며
하늘을 향해 올곧게 자라주길 바랬지요

하루하루를 깨어 있으려는 의식과
인생 후반을 느끼며 살고픈 갈망과
지나간 회한으로부터 자유롭기를

지상에서 하늘로 오르는 자작나무 숲
삶의 미래에 찾아올 아름다운 안식과
하늘길도 기쁘게 받아드리겠지요.

숲

비바람 눈보라 한 백년 두 백년
천이를 지나 경건한 신역이 되고
얼마나 많은 역사 간직하고 있는지
팔만대장경 버금가는 신비와
어스름으로 흐르는 정적

한참을 걷다 다시 돌아보니
산비둘기 푸드득 날아들더니
아무 일 없는 듯이 포근해진다

긴 여정 발걸음 지친 나그네
조심스레 걸어 들어가는 실루엣
마침내 그도 같이 숲이 되었다.

기억의 부재 외 1편

박 | 숙 | 영

멈춰 버린 시간도 사랑도
죄다 추억이라는 이름으로
포장한 채 삼켜 버려
흔해 빠진 언어로는
도무지 쓰지 못하고
한 장의 빛바랜 사진조차 남겨놓지 않아
잠시라도 내 곁에 머물다 간 사실마저 까마득
가끔은 현실인지 꿈인지조차 흔들릴 때가 있다
머릿속에 총총히 박혔던 기억들도 희미해져
이제는 남겨진 너의 흔적만 깜박깜박
뇌리에 얼룩처럼 새겨져 있을 뿐
화석처럼 자신의 존재를 확실한 증거처럼
남길 수 있으면 좋으련만
시간이 지층처럼 겹겹이 쌓여
너의 의미를 되새기려 해도
나의 남아 있는 기억조차 기약할 수 없기에
미련의 한숨만 더욱 크게 삼킨다.

러닝 타임

시간의 깊이만큼이나
우울의 깊이를 가늠할 수 있을까
빙산의 일각처럼 드러나는 슬픔보다
마음속 내재되어 있는
고통이 훨씬 깊을진대
간신히 잠재우고 달래어도
무심을 가장해 불쑥 튀어나오는
감정의 파도
언제가 될지
얼마가 될지
가늠조차 할 수 없는
광풍이 몰아칠 땐
어쩔 수 없는 속수무책
이젠 더 이상 지나가기만을
손 놓고 기다릴 수가 없겠다
거친 폭풍우 속에서도
무심히 춤출 수 있는
억지광녀라도 될 수밖에….

엄마의 수묵화 외 1편

박 순 자

햇살을 온몸으로 초록빛 감싸 안고
터전 밭 이야기꽃 날마다 피웠었지
울 안에 오랫동안 머물며
도란도란
그랬지

어느 날 무심하게 던진 말 빼앗긴 채
눈물 젖은 마음잡고 춤추며 따라 올랐지
화폭에 숨어 버린 쪽빛
언제 다시
깨울지

갈바람 상처들 묶음 들고 찾아가는
그 소리 그 손짓 갈대밭에 머물렀지
짙어진 그 흔적 한 사람
어디쯤에
숨길지

가슴에 노란 리본

문 열면 마주치는 해맑은 너의 모습
오 분만 더 잘게 목소리 스쳐 간다
옷장 안
꺼내 놓은 교복
쓰다듬고
매만지고

오늘도 긴 이별 눈물 젖은 깊은 밤에
하늘 그네 올라앉아 손 흔들며 넌 웃었다
책가방
천상에는 없겠지
아픔 없이 놀아라

햇볕을 온기 삼아 잠든 널 찾아와도
빈자리 엄마 가슴 얼음꽃만 피고 진다
말없이
들려주던 노래
함께 하고
있단다.

기억해야 할 법칙 외 1편

박 연 희

예정된 이별이 오더라도
잦은 눈물 흘리지 말고
마지막 인연이라 단정 또한 말자

기쁘다고 너무 좋아 말고
행복한 만큼 시련도 후회도 따라온다는 것
명심하여 다시 실수는 하지 말자

마음을 숨기고 우쭐대지 말고
겸손한 생각을 먼저 하여
피하지 못할 수렁에 빠져도
극복해 가는 경험의 일부라 생각하고
힘겨움에 머물지 말자

행복과 사랑 그리고 이별은
언제나 벗으로 우리 곁에 있는 것
또한, 신뢰와 정직은 내가 지켜야 할 가치로
나를 깨어 있게 하자.

한 송이 연꽃으로

하늘을 이고 겸손하게 피는 꽃
정갈하고 고귀한 품위로
세상을 향해 내민 꽃잎
만나는 눈빛마다
평온한 마음 들게 한다

겹겹의 우산 같은 잎사귀 사이에
온화하고 수줍은 자태
평온하고 따스한 세상을 향한
자비로운 눈빛으로
성스러운 메시지를 전하듯
곱게 피어난 귀함이어라

눈이 시리도록 푸른 하늘을 이고
새벽이슬 머금다 흘려보내니
꽃잎 위에서 구르는 물방울
욕심 없는 소중한 보배로구나

오롯이 피어난 연꽃을 보니
혼탁한 마음 정화시키고
욕심을 버리는 성숙함으로
남은 삶 정갈하고 고고하게,

반려견 시대로 외 1편

박 영 덕

배부른 시대 절감
호의호식하는 개를 봐
퇴근길 반려자 본체만체
반려권 차압당해
잠자리 실종 오래전
개 같은 시대로 전환기.

섬진강 남도대교

하동 벚꽃 십리 상쾌히 달린
경상도 전라도 공유한
섬진강대로 지리산 이어 주고
구수한 화개장터 맛 즐기다
나들목 남도대교 쉽게 건너
남도대교로 광양 순천을
사촌보다 더 가까운 이웃
재첩국 공유이듯 섬진강의
경남 전남의 남도대교로
동강 불가 영호남은 하나.

어머니 외 1편

박 영 숙

당신이 한 떨기 낙화 꽃잎이 되어
무수한 별무리 속으로
은하강 건너 사분사분 가실 때도
이렇게 그리울 줄 진정 몰랐습니다

탯줄에 매달린 끈적한 인연 한줌
국화 꽃잎에 고이 접어
은빛 물결에 두둥실 띄울 적에도
이렇게 그리울 줄 진정 몰랐습니다

세파에 굽이치는 급류에 떠밀리며
어느 날 문득문득 안개 넘어
지난 추억이 주마등처럼 스칠 때
그때야 사무친 그리움을 알았습니다.

맛 기행

내 어릴 적
서툰 걸음 아장거릴 때
하얀 수염 쓸어내리시며
껄 껄 껄 웃으시던
할아버지의 너털웃음이
너는 많은 삶을 비벼봐야
참다운 생의 맛을
알 것이란 의미였을까

내 어릴 적
촘촘한 하얀 치아 보이시며
허 허 허 웃으시던
아버지의 의미 깊은 웃음이
할아버지 너털웃음 속에
참다운 인생에 맛이었을까

나는
오늘도 이정표 없는 길을
깊은 상념에 젖어 걸어본다.

그때 그 사람 외 1편

박|영|춘|

재래시장 골목을 눈요기하는데
목이 컬컬하다
오랜만에 재래 주점 목로에 앉아
막걸리잔에 앉은 파리를 쫓는데
그때 그 사람이 날아와 앉는다

아버지 머슴살이 새경에 보태
땅뙈기를 장만했다는 처녀
이 여자가 바로 그때 그 처자인가 싶어
귀밑머리를 더듬어 보는데
옆에 구레나룻이 통나무처럼 앉는다
새마을운동 때
장사밑천 등쳐 달아난
그때 그 작자인가 싶어
신경이 들입다 주먹질 치는데
잘 넘어가던 막걸리가 목에 걸린다

오랜만에 만난 그때 그 여자
오랜만에 만난 그때 그 남자
아무리 자세히 뜯어보아도
마냥 곱게만 보이던
멱살 잡아 패대기치고 싶었던
그때 그 처녀 그 남자가 아닌가 싶다
요모조모 닮기는 많이 닮았는데.

주태배기

만리장성 찾아가 돌멩이 베고 누워
허공에다 만리장성을 쌓는다
잠잘 틈도 없이
바쁘기만 한 긴 밤
아무리 겨울밤이 길다 해도
어느 하가에 만리장성을 다 쌓누

무르팍이 닳도록 쌓아도
만리는커녕 한 뼘도 못 쌓고
길고 긴 만리장성에
돌멩이 하나도 끼우지 못하고
성 안에 들어 잠 한숨 못 자고
날 새고 마는 나그네
백만장자가 하룻밤 사이에 쪽박신세로다

성 안에 들기는커녕 문턱에 쪼그려 앉아
성벽도 만져 보지 못하고
돌멩이 하나 흙덩이 하나 쌓지 못하고
통밤 날 새 버려
냉수만 들이키는 나그네
그대는 만리장성을 허무는 주태배기로다.

백화산 풀벌레 외 1편

박|용|하|

백화산* 바라보며 깊은 잠이 드신 뒤로
자식들 찾아와도 아무 기척 없으시고
두 그루 늙은 소나무만 부모님을 뫼시네

앞들에 농토 사서 무척이나 기꺼워하며
날이 새면 부지런히 흙과 함께 사시던 곳
여태껏 그 땅의 쌀로 메를 지어 올립니다

벌초 때나 한번 찾고 훌쩍 뜨는 자식들
이승 인연 끊었다며 나무라지 않습니다
웃자란 잡초 더미 속에 아프게 우는 풀벌레.

※백화산: 충북 영동군 황간면 소재

영동역에서

고향엔 유년도
다 떠나고 없었다

옛일들 매달리는데
모두가 낯선 얼굴

골목 안
늙은 은행나무만
나를 아는지 굽어 보고 서 있다

동창 몇 남아 사는
백화산, 천마산 기슭

영동역전 올갱이국집
소주잔에 내리는 노을

서울행
무궁화 열차가
떠날 시간 재촉한다.

가을 바다 외 1편

박 일 소

누가 남기고 간 발자국일까
파도치는 가을 바다 모래톱에 점점이 찍힌 발자국은
누가 남기고 간 사연일까
철썩이며 뭍으로 끝없이 밀려서 오는 파도, 파도 소리는

파도는 뭍으로 밀려 밀려서 오는데
영원히 오지 못하는 너에게
죽도록 보고 싶다는 말 대신 많이많이 사랑했어 외쳐 불러도
갈매기 날개에 실려 바다 멀리 사라지고
아픈 가슴에 피는 네 얼굴만큼이나
가을 바다에 지는 노을만 붉다.

비 내리는 날 해변의 연가

물살은 그리움 싣고 왔다가 쓸려가고
그대의 외로운 뒷모습
쓸쓸했던 그날의
비 내리는 바닷가

하늘은 높고 먼데
그리움은 물 깊이보다 깊어
수평선이 하늘에 맞닿는
저 너머 어디엔가
두고 온 사랑 물길로 건져 올릴 날 있을까

비가 올 듯 흐려
추억이 하나 둘 소리 없이 씻기는 바닷가
홀로 바라보면
바닷물에 잠겼다 스며드는
그대의 그리운 얼굴

해송 냄새 물씬 풍기는
갈대의 유연한 흔들림의 손짓으로
잔잔한 웃음 쓸쓸하게
갈매기 날개 끝에
실어 나르는
가을이 오는
비 내리는 바닷가.

단풍 드는 날 외 1편

박 | 정 | 민

산에 오르면 꼭 요의를 느낀다는 그녀
산을 마주하고 더운 오줌을 눠야만
직성이 풀린다는
발칙 발랄한 그녀가
한 쪽 다리 엉거주춤 올리고
영역 표시할 동안

풀이 보았다더라
바람이 보았다더라
새도 들었다더라.

각질은 각성覺醒 중이다

신문지 넓게 펴고 발바닥 난감한 각질角質을 간다
터지고 갈라진 겨울마다
전동 각질기에 밀려 떨어져 나가는 몸
어둡고 딱딱한 껍데기도
사람을 벗으면 하얀 몸이 되는구나
보드레한 것이
눈부신 것이
세상의 것 아닌 듯이
누구에게도 수월히 살보드라운 적 없었던 몸이
사람을 벗고 나니 그리 되는구나
기억을 버리면 자유를 얻을까
모난 데 없어
어디서도 상처 주고받을 일 없겠구나
미워서 미울 일 더욱 없겠구나
온전히 살아서 벗어난 몸이라
일천도의 불길 견디어 낸 몸보다 푸르게
그린나래 펴고 사람을 벗어나는 중이다.

목포 아리랑 외 1편

박│준│상│

목포항
터미널에서 먼 추억 그리며
유달산 일등 바위에 올라
삼학도를 바라보니
파도 소리가 목화 타는 소리이네
아리아리아리랑 아라리가 났네
정든 님 돌아오니 아라리가 났네

산비둘기
유선각에 둥지를 틀고 구르르 구르르 사랑의 노래
목포대교 따라 명량 바다로 가면
강강수월래 장단
고하도 용머리에 들리네
아리아리아리랑 아라리가 났네
정든 님 돌아오니 아라리가 났네

관광선
뱃머리에 휘날리는 만국기 목포의 미소
둥근달이 잎새주에 취해
목포가 시끌버끌
오거리가 밤인지 낮인지 모르네
아리아리아리랑 아라리가 났네
정든 님 돌아오니 아라리가 났네.

산에는 꽃이 피네

차 꽃
한 송이
찻잔에 내려놓고

법정 스님의
"산에는 꽃이 피네"
말씀 듣고

차 따르는데
꽃구름이
홍시 하나

내 손에
꼭
지워 주고

신혼 적
사랑이
행복이라고

내 가슴에
심어 놓고
그리움 주고 가네.

백팔 계단 외 1편

박│진│남│

돌로 된 계단이야 수없이 봐 왔지만
가슴속 이 계단은 오늘이 첫 대면
기고 또
기어서라도
기어이 올라서야지

땅바닥에 발 내딛고 고개 들어 쳐다보니
낯설게 눈에 비친 아득한 저 꼭대기
극락이
저리도 멀까
언제쯤 다다를까

한 계단씩 발을 옮겨 숨가쁘게 오르는데
산사에서 흘러내린 청아한 범종 소리
내 마음
비고 가야지
발이라도 더 가볍게.

대아

생각 이전의 근본 자리로
되돌아가고 싶습니다

마음으로 깨어나라는
당부를 하지 않더라도

본래의
참된 성품을
되찾아내고 싶습니다

이 세상의 그 모든 것
실체가 없는 공이라서

깨쳐야만 볼 수가 있지
이름을 지을 수도 없답니다

이제는
자유자재로
오고감이 없이 살렵니다.

애야! 힘들 땐 사진을 보렴 외 1편

박｜행｜옥

애야!
삶이 힘들 땐
너의 어릴 적 사진을 보렴
네가 어릴 적엔
얼마나 순수하고
해맑았는지를 보렴

애야!
삶이 힘들 땐
너를 힘들게 하는
채울 수도 없는
집착과 욕망을
조용히 내려놓으렴

네가 어릴 적
가지고 있던
순수하고
참된 열정으로
존재계의 법칙에
순응하며 살아 보렴

그렇게
존재계에 충실하고

순간순간을
즐겁게 살았던
너의 어릴 적
모습으로 돌아가렴.

길들여진 삶

넓은 들판에
묶여 있는
순한 염소를 보라

얼마나 인간에게
잘 길들여져
있는가

우리 또한
세상에 얼마나
잘 길들여져 있는가

한 뼘도 되지
않는 끈에
묶여 있으면서도
세상은 다 본 양한다.

바람의 시계 외 1편

박│현│조

꽃 이름을 불러 주던
바람,

바람은 목에
시계를 달아 준다

시한부 시계
더 데스 클락 The Death Clock,

한 줌의 바람
한 줌의 눈물
한 줌의 사랑

참회와 용서, 감사의
시계를 달아 준다

빛과 바람과 흙으로
빚어진 나의 시계

물이 되어
흘러만 간다.

레퀴엠requiem

빅토리아의 진혼곡鎭魂曲이
듣고 싶다

파란 하늘에
붉게 물든 노을이 지기 전에
지금,
엔딩노트Ending Note를
쓰고 싶다

사랑의 소꿉친구를 떠올리며
어머니의 뜨거운 손을 잡고 싶다

삶과 죽음이
그대로 이어진
바람의 길이 되고 싶다.

떡갈나무 빗소리처럼 외 1편

박│화│배│

지리한 내 삶의 외로운 계절에
붉은 저녁노을 가져다
내 가슴에 불을 지핀 사람아

그대 어깨에
기대어 앉아
떡갈나무에 내리는
빗소리 들으니
내 마음이
파랗게 물들어서 좋다

내 가슴속에
깊이
아주 깊숙이 들어와 있는
나의 사람아
그대 어깨에 기대어 있어도
나는 왜 이렇게 가슴 아프게
그대가 그리운지
떡갈나무 빗소리처럼
눈물이 난다.

산사춘설

산골 따라 흐르는 물소리에 젖어
봄은 흘러오는데
산사로 가는 길은
아직도 눈길

차 향기에 젖은 담소가
조촐한 산사를 지나
고요 속에 잠기고

바람길 따라
가끔씩 흔들리는 풍경 소리에
봉창 너머로 귀 기울이니
그래도 봄이 오는 소리
눈 녹는 소리.

고통 외 1편

박 희 익

죽을 때 이렇게 아프면 어찌 죽을꼬
아파 죽지 못할 것 같다
참고 견디기 힘들어 사람이 보이지 않는다

오른쪽 어깨 수술을 받고
입원도 6주에서 6개월 걸린다나
줄줄이 매달린 수세미 무통까지
혈관에 찌른 주사바늘 징그럽기만 하다

어눌해진 상태 허접한 몸뚱이 보호자 없이
전신 마취 이승과 저승 오고 간다
자동차 비켜 간다는 것이 넘어져
종심 반을 넘은 나 청맹과니처럼

나이 탓일까 부주의한 것인가
점차 나약해진 몸 여러 가지 한다
아련한 세월 병실에서 한탄하며
석양빛 물든 얼굴 감싸며 삶의 끈을 잡는다.

황금 들판의 데이트

눈부신 황금 들녘
둥근달 중천에 빛나고

그녀와 나 무작정
바람의 그림자 밟고

일렁이는 들판에
벼 알을 헤아리며

첫닭이 울 때까지
시간 가는 줄 모르고 걸었다

두 손 꼭 잡고 구수한 벼 냄새 맞으며
자꾸만 걸어간 아련한 두렁길

벼와 바람이 속삭이는 이야기 속으로
영원의 들길을 꿈으로 서서히 가고 있었다.

같은 길 외 1편

배 | 갑 | 철

굽이굽이 맺힌 한
가슴에 둔치 되어서
청송 하나 정자 되라 심었더니

역부족 세상사에
밟히고 또 밟혀서
잡초 같은 인생 되니

늙은이 시절 앞에
효행에 먹고 자도 사족이 아려 온다

남음이 얼마일까
히죽이 웃는 바보의 웃음 하나
인류의 섭리란다.

부족해서

글을 쓴다고, 시를 쓴다고
시인이란 스스로 부끄러움 앞에
자꾸 안겨 오는 가르침은 멀고도 밀리는데

그것이 문학이란 고달픈 문턱인가
동행의 순리에서 때때로
난해한 대가大家의 시집 안고
이것이 무슨 뜻인고
알기 위한 심난함
고단한 시인의 길 언제 일필휘지할까
기다림 하나 갈피에 꽂고
책을 덮는다.

민들레 외 1편

배|동|현|

세상 천지간에
일편단심이 어데 있다고
당신은 아직도 우기시는가

일편단심은 원래가
눈물만큼 아픈
배신의 아름다움인 것을
당신은 어찌 모르시는가

민들레는 그래서
봄만 오면 서럽기만 하다

봄나들이 나온 장닭 한 마리
거들먹거리며
봄은 원래가 그런 것이라며
항변한다

민들레 꽃 잎사귀만
몰래 쪼아 먹은 그의 속내를
아는지 모르는지
봄날은 종일 졸기만 한다.

사랑의 원죄

사랑은 뭔가 하나에
온통 집중하는 것이라고
사랑하는 젊은이들은
믿음의 혼돈을 이야기한다

사랑은 뭔가 추구해야 할
높은 가치라며
사랑하지 않는 늙은이들은
또 한 번 님을 변절한다

만사가 원죄라면
우린 누구를 사랑해야 할까요
절대의 고통은 아예
입을 닫았습니다.

꿈 외 1편

배 석 술

천지를
깨우는 햇살
만산은
산고로 흥건하고

옷소매
속으로
파고드는 바람은

손잡고
달리는
꿈을 품었으니

진달래
꽃망울 활짝 불러
기쁨을
피우시고

수척한
가지마다
내일을 앓는 속살이

살음을
노래하네.

바람의 시

국화꽃
꽃잎에
내리는 찬바람

포개지는
햇살을 깔고 앉아

하늘 구름
꼬드겨
까치밥을 고으고

사르락
억새줄기 끝에

부딪긴
세월이
쫓기우는 백골로

사랑을
시름하는
이별로 울어라.

쌀밥 외 1편

배 종 숙

긴 수염 쓸어내려 고개를 푹 숙이고
맥령*을 쉬이 넘어 큰 기침 내뱉던 날
가벼운 등짐 지게가 휘어지다 굽네요

보릿짚 앞서가다 비켜선 그 자리에
보리밥 잡곡밥이 쌀밥을 눌러놓고
웃밥에 자작거리며 내리앉힌 뜸물아

밀가루 풀태죽에 주르르 흐르던 물
메마른 뉘우침이 흘러간 세월 속에
쥐구멍 볕 들어온 날 고속도로 달리네.

※맥령: 보리맥 고개령

태화강 대밭

백자에 담긴 물이 댓잎에 흔들리면
후드득 학이 날아 그 물결 잠재우고
동짓달 길디긴 이 밤 님 못 와서 짧은가

뼈마디 타는 속은 텅 비어 어이할꼬
옷자락 흔든 바람 그 울음 처량하고
굽이친 물굽이 홀로 어딜 향해 달리나

석죽을 쌓아본들 다리를 놓아본들
십리길 강줄기에 비릿한 추억들뿐
한세상 흐르는 세월 물줄기에 실리네.

그리움 외 1편

서 | 원 | 생

물오른 탱자나무 가시 사이로
멍든 유년의 추억들이
두근두근 멍 자국을 날리고 있다

아직도 그날에 긁힌 상처의 자국들이
가려움으로 저려오는
초등학교 돌아눕는 길모퉁이에는
뿌연 먼지가 자욱이 일고
지금도 날개를 달고 있는 늙은 플라타너스 나무는
나이을 잊은 양
공중으로 비상을 준비하며
옆구리의 가려움을 긁고 있다

꿈과 낭만이 포개져
젊음을 분출하던 학교 운동장
하지만 이제는 햇살조차 피해 가는
메마른 빈터가 된 채
돌담은 제 몸을 헐어내며
연둣빛 흉터를 열어 보이고 있다

학교 모서리 군것질하던 구멍가게는
자취도 남기지 않고 사라지고
몇 개 낙엽을 달며 시름하던 나뭇가지마저

푸르고 붉었던 여름의 흔적을
쏟아내고
그 토사물을 싸리비로 지우고 있다.

봄비

그리움을 만지작거리며
보슬보슬
메마른 땅을 헤집고 있다

지난 봄, 어느 날
시집간 누님이 뿌리며 다독거리던
장독대에 이어 붙인 꽃밭
잔자갈 키를 세우며 울타리를 단단히 잠그고
새는 꿈을 막고 있다

꽃잎과 꽃잎을 서로 포개는
한가로움 옆에
칭얼대는 가는 축복
부끄러움과 순수가 모자이크처럼 어울려
오색의 무지개가 공존하는 빈터에
사랑을 다독이는 엄마처럼
새록새록 조루에 담아
자장가를 불러주고 있다.

민들레 홀씨를 보며 외 1편
—존재증명·29

서 정 남

한번쯤 눈이 부시도록, 눈이 부시도록
거룩한 은발의 관모 행색을 눈여겨보자!

어느 왕후장상의 행상行喪이 저렇듯 순연하랴
한평생 아리잠직 고운 모습, 꽃 등불 들고
거칠고 어둔 곳 밝혀 다독이며 위로하더니
가진 것도 남긴 것도 없이 대승의 민머리처럼
민머리처럼 무변광대한 시공을 바람 타고 훨훨
부감하는 저 고고한 영혼을 바라보자!

마지막 달력 한 장 아쉬움에 가슴 에는 우리들
숨 가쁜 계절의 길목에 청청한 잎 충만한 진액
모두 땅 속에 묻어 두고 홀로 떠나는 모습을 보자!

구더기 득실거리는 쓰레기더미 곁이 싫어
맹수들 설치는 정글, 양두구육장터가 싫어
금빛 꽃술 지순한 향기만 새록새록 날리다
불새처럼 환생하는 영롱한 감로수의 비밀
꽃과 별과 바람의 비밀을 다 듣고 싶구나!

시작詩作 · 2

시를 쓰지 못하는 날은
숨통 막혀 질식하는 날

시를 쓰지 못하는 날은
심장박동 멈춰 버리는 날

시를 쓰지 못하는 날은
천지사방 먹구름 덮인 날

시를 쓰지 못하는 세상은
해도海圖 없는 밤바다의 항진

진정항로眞正航路 모른 채 키를 잡을 수는 없는 법
시심 없는 세상은 갈밭 들짐승들의 소굴일 뿐,
우린 지금, 생사의 백척간두를 가늠할
'프로타고라스적 척도※'가 절박한 순간!

※프로타고라스적 척도: 흔히 '인간 척도 명제'라 말하며, '사람은 만물의 척도'
로서 '있는 것'은 있고, '있지 않는 것'은 '있지 않다'고 한 척도. 시인들의 규
범도 언급함. 플라톤의 국가國家－정체政體. 3권 494b-398, 10권 600c 등.

기도 외 1편

성 진 명

쉬지 말고 기도하라
막히면 간다.

꽃

올라갈 때 못 취한 꽃
내려올 때 볼 수 없네.

초화화 외 1편

성│진│숙

'이거 초화화 꽃씨야!
하늘하늘하고 예쁜 것이 겨울도 난다니까 밖에서!'
아버지 추도 일에 만난 동생이 하는 말이다
빳빳한 지로용지 쭉 찢어 꽁꽁 싸서
깨알보다 작은 알갱이들이 초화화 이름표를 달고
내게 와서 웃는다
아직 얼굴도 모르는데
스마트폰 검색을 해 보니 빨간 얼굴에 목이 길쭉
하늘하늘한 몸매 초면은 아닌 것 같다
빨리 심으면 빨리 볼 수 있을까
이 가을에 땅속에 묻어 두고 빨갛게 달아오른 너의
얼굴을 그리며 이름을 기억한다
초/화/화
그런데
꽃말이 없다.

파장

천 원짜리 지폐가 불티나게
거래를 성사시킨다
인심 푹푹 쓰는
손놀림과 거친 목소리
세월 따라 늘어난 골 깊은 주름
어여들 가져가
파장이랑께

지나온 날보다 짧은 앞날
노을처럼 아름다운 황혼을 준비하다

문득
나이테를 새기지 않아도
유서처럼 남기고픈 말들이
조급하게 다가와
나도 파장이랑께.

단풍 드는 매봉산 외 1편

성 환 조

오색 단풍
매봉산에 찾아왔다
한군데도 빠짐없이 단풍은
매봉산에 물들었다

눈 뜨면 바로 보이는 앞산
그다지 높지도 않은 아담한 산

단풍으로 가을이 돌아오면
추억을 새겨가며 오르던 산
매봉산은 추억의 산이다

무르익어 가는 단풍
가을 매봉산에 동풍이 날아오면
단풍은 낙엽 되어
가을의 정체는 가을바람 방향으로
흩어져

매봉산 가을 경치는 단풍이 가져다 주는
그림 같은 아름다움이다.

모충동 고갯길

쉬엄쉬엄 쉬어서 오른다
나의 신발 때가 묻은 고갯길
밟아서 다녔던 세월도 오래다

한적했지만
지금은 넓은 고갯길이 되어
번화된 찻길
교통난이 심할 때도 있다

가파름도 없는 밋밋하게
길을 낸 모충동 고갯길
인도를 따라 길을 걸으면
마음이 상쾌해져

고갯길을 올라 내려다보면
무심천을 건너다니는 모충교가 보인다
무심천이 흐르는 모충교에서
모충동 고갯길을 오르내린다.

쓰러진 가을 대화 외 1편

성 후 모

도시 길 지평 위에
파란 꿈이 피어가는
한민족 단아한
숨결이 새록새록
행복을 수놓는 세월
그리운 사람 옷깃을
바람이 흔들고 섰다.

도시의 향수

여의도 길 한강 샛강 넘어
아름다운 인간 향수가
온통 젖어든 거리
내 젊은 영혼의
깃발을 흔들어 놓고
활짝 웃는 가을 햇살에
그녀의 긴 창 모자가
가을 여행을 떠나려는가.

사랑의 보금자리를 푸짐하게 가꾼다 외 1편

손 병 기

사랑이 넘쳐나는 즐거운 밝은 내일
변하는 시대 따라 건전한 생활 개선
편리한 일상생활에 삶의 질을 높인다

이웃이 서로 돕고 정답게 살아가며
새로운 성장 동력 활기찬 일상생활
저 높고 푸른 하늘에 꿈과 희망 솟는다

소중한 생활 정보 소통과 파악으로
빠르게 변해가는 지구촌 바라보며
행복한 내일을 위한 삶의 터전 가꾼다

점점 더 가까워진 세계는 이웃사촌
서로가 오고 가며 웃으며 살아가는
사랑의 보금자리를 푸짐하게 가꾼다.

앞서갈 준비를 위해 열과 성을 다한다

사람은 누구나 다 잘 살길 바라지만
나에게 맞는 일을 찾으며 골라잡고
풍성한 내일을 위해 성실하게 일한다

일하면 돈을 번다 알고는 있지만
나에게 맞는 일을 찾기가 쉽지 않아
새로운 성장 동력과 실천 방법을 배운다

삶의 질 개선하며 도전과 열정으로
새 길을 열어 가며 소중한 경제 성장
희망찬 내일을 보고 세계 속을 달린다

최선의 노력으로 생활이 안정되고
사랑과 협동으로 정답게 지내면서
앞서갈 준비를 위해 열과 성을 다한다.

지금도 그래도 외 1편

손 수 여

큰스님 법문을 들었다

내 것을 꺼내어 남에게 나누어 주는 것,
이게 복이다
생명은 죽는다 사람은 반드시 죽는다

지금도
나는 살고 있다 언제 죽을지 모른다
죽을 때 아무것도 가져가지 못한다

그래도
내가 지은 복은 가져간다

지금도와 그래도는
만오晩悟가 준 내 삶의 행복섬이다.

해석, f(x)=통일

f(x)=통일
$\frac{1}{2}+\frac{1}{2}=1$

통일의 방정식은 쉽게 풀리지 않는다. 오래도록 검은 난이도였다. 지구상에 하나뿐인 나라, 함수 f(x)는 한국인이 풀어야 할 과제요 통일이다. 반쪽인 남과 북이 합쳐지면 하나의 국가, 큰 나라 대한민국은 어드메쯤 오고 있는가? 가장 아프게 죽는 함수들은 답을 찾지 못한 문제로 가라앉는 밤이다. 동주 시인이 그렇게 가신 북간도 하늘은 별 하나 뜨지 않아 칠흑, 너와 내가 해결해 가야 할 시간이 선으로 소리 없이 갈라져 주어진 절대값에 눈이 멀어 부서진 채 길섶엔 나라는 해가 무너져 내린다. 잘게 좌변으로 너를 남기며 불온한 나의 값이 통일의 조건을 요구했다. 네가 유독 보고 싶은 밤이었다. 수직선상 좌표에서 이 그래프를 부수고 널 언제쯤 다시 만날 수 있을까.

어머님은 영원한 고향 외 1편

손 진 명

그대 이름은 어머니
아직도 당신의
젖가슴을 더듬고 싶은
어린 마음입니다
생명의 젖줄이 흐르는
내 영원한 보금자리요
내 영원한 고향입니다

아내의 젖가슴에서
당신을 찾아봐도 아내는 아내일 뿐
포근한 내 어린 젖가슴은 아닙니다

나는 행복합니다
내 나이 서녘 노을 행간에 서서도
당신을 찾고 싶은 어린 마음이기에

나는 아직도 행복합니다
때로는 보채기도
때로는 투정을 부려도
받아주는 당신이 있기에

밭고랑에 앉아 젖 먹이시던 어머님
당신은 내 영원한 고향이요

내 영원한 그리움입니다

당신의 무릎베개에 누워서 듣던
당신의 옛 이야기와
흥얼거리던 고된 노래가
잠들었던 기억을 깨워 놓고
유성流星이 되어 날아갑니다

늘 고생의 끝자리에 헤매시던 아버지
당신은 나래 잃은 외로운 새입니까
기억의 미로迷路에서 헤매시는 아버지

나도 훗날 아이들 기억 속에
당신처럼 구름 속의 달빛이 될까요

아버지란 그 이름 때문에.

고향의 밤하늘

밤늦게 놀다 돌아오면
물 논에 울던 개구리는
귀가 밝아 울음을 멈추다가
멀찌감치 지나오면 또 운다

개도 내 발자국 알아듣고
삽짝 밖에 마중 나와 꼬리 흔들고
마구간에 소도 인기척을 알아듣고
코로 푹-푹 숨을 내쉰다
말은 못 해도 짐승들은 다 영물이다

마당가 모깃불 연기는 밤의 적막을
휘감아 돌아나가고 감나무에 앉아
울던 부엉이는 깊은 고요를 깨운다

은하수 베고 덕시기*에 누워 별을
헤아리며 잠을 그르치던 어린 시절
인제 그만 자거라 하시던 어머님의
고단한 목소리가 고향의 밤하늘에
별빛이 되어 반짝인다

어머님이 수놓으신 하얗게 쭉 뻗은
은하수 가지에 모여 앉아 어린 별이

수다를 떨며 노래하던 고향의 밤하늘은
눈이 시리어 쳐다볼 수가 없었다
깊푸른 호수에 유영遊泳하던 별은
내 고향에서만 피고 진다

새벽을 알리는 닭 울음소리에
별들은 은하를 타고 날아가고
미리내의 밤하늘은 고요히 잠이 든다

어머님의 기도 속에 고요히 잠이 든
고향의 푸른 밤하늘.

※덕시기: 멍석의 경상도 사투리

용안사가 담은 풍경 외 1편

송 | 연 | 우

수천 리 밖에 있는 사람을 부르는
용안사 숲에 든 눈[眼] 같은 연못
어둔 가슴에 물빛을 새긴다

돌 여섯 무더기 놓인 석정
오는 사람마다 끊이지 않는 명상에 든다

세월에 길들고 있는 작은 나무 사이로
새들처럼 이곳저곳으로 푸름을 마시며
휴식 안에서 사랑 나누기 '딱' 이다

구석구석 손길에서 일구어진 아름다운 풍경
정결하고 고요하다
아늑하고 유순한 분위기 자꾸 나를 유혹한다.

슬픔은 잊혀지지 않는다 잠시 잊을 뿐이다
―상사꽃

구월이 오면 만나리라
가을 길목에 붉은 실날 꽃술로
얼굴을 내밀었어요
기다려도 오지 않는 당신을
버릇처럼 그리워하다가 입술 타버린
어리석은 내가 바람에 흔들립니다
가을이 깊어 가자 더욱
기다림에 지친 눈에 슬픔이 들어
남모르게 흘리는 눈물
먼 길 걸어온 발등을 적십니다
초라해진 가슴 부끄러워
숨길 그늘이 없지만 타고난 운명을
겉치레도 모르는 나 까맣게 시들었어요
갈래갈래 찢긴 천년 슬픔을
파란 하늘이 데려가 주네요.

부탁합니다 외 1편

신｜다｜회｜

오늘은
어디로 가시나요

꼬까신 신고
새 옷 입고 나왔으니
날 좀
데려다 다오

너무 멀리 가지 말고
춘향이 이몽룡이
너울너울 그네 타는
오작교 옆으로

버드나무 아래
그곳으로.

비어 있는 가슴을 커피 향으로 채운다

메마른 가슴이
줄을 선다

오늘은
누굴 만나야 행복할까
에스프레소 아메리카노 카페라떼 카푸치노 마키아토

우주를
사로잡은 오묘한 향

진한 고독을 마시는
끝없는 되풀이

하루를 눕는
쓰디쓴 미소

위대한 중독!

서강의 봄 외 1편

신 대 주

해맑은 서강西江 물빛 환한 속살 드러내고
찬이슬 머리에 이고 화냥기가 드러난
봄꽃의 끈질긴 생명 웃음으로 일어선다

산발한 아지랑이 치맛자락 말아 올리고
살구꽃 살결 부푼 힘줄이 드러나면
사지史址의 주춧돌 밑에 춘란 한 촉 웃는다

속 꽃잎 활짝 열고 아침이슬 마실 때
관능에 물든 사랑 꽃으로 피어나고
여울목 귀를 세우며 깨진 꿈을 줍는다.

정황情況

낙엽이 피를 토하며 무더기로 순절하는 시간에
우리는 창문을 닫고 오징어를 씹으며
헨리의 마지막 잎새를 가슴으로 읽는다

창밖엔 찬비가 세차게 내리고
아궁이에 가랑잎이 타고 있는 동안
우리는 청소년처럼 사춘기를 겪는다

바람이 전선을 화음으로 울리며
미사곡을 연주하는 시간에 우리는
마지막 그리스도의 성찬식을 올린다.

간병인의 기도 외 1편
―자원봉사자 김석순 여사님께

신│동│호

눈을 감으면
저문 바람이 내게 다가와
때묻은 배낭을 지고
도시의 거리로 모두 떠난 뒤
K
조금 아팠습니다
이 허허로운 마음이
하늘만큼 바다만큼 끝이 없는데
그대는 달에서 잘못 내려온 선녀처럼
내 곁에 머물러 가만히 한숨을 삼키고 있군요
K
작고 가난한 자에게
사랑을 나누어 줌이
얼마나 아름다운 일인지요
우리 모두 아픈 사람들이
드릴 게 없는데
당신은 그저 사랑인 채
우리들 곁에 머물러 기도하시는군요
K
이 어둠의 강들이 머리를 풀 때
증오의 눈빛이 아주 없는 세계로
우리들이 나란히 갈 수 있을는지요
K
그대는 우리 모두의 등불이십니다.

추색

단풍은
욕망이 씻기는 바람에
푸름을 염색하고
태양의 신보다도 아름다운
소녀는
철새를 안고 애무하는 오후
누나의 머리맡에
풋 솜의 아늑한 베갯머리
무거운 보람을 이고
나목은 씨를 토한다

꽃꼭지 여무는 아픔
목마르게 마시던 6월의 훈풍은
아픈 피부 안의
원형의 과거 되어 진한 물빛으로
뱅그르르 돈다

해사한 바람
맑게 내리는 오후
마음의 창을 걷고
문발에 송송
바람이 새어들고 있다.

초하初夏 외 1편

신|세|현|

농가의 비옥한 채마밭에
하룻밤 새
옥수숫대 한 뼘씩 자라고
밭두둑에는 하얀 감자 꽃
명지바람에 고개 자주 흔든다

싱그런 생명의 초여름
바람 가볍고 햇빛 새로운데
잘 자란 푸른 소채밭을 보니
마음은 절로 뿌듯하고 청신해져
가던 길 잠시 멈추고
남의 밭둑을 이리저리 둘러본다

적적寂寂한 세월
나직이 떠오는 흰 구름에도
하고 싶은 말 있는 듯 반기는
흰머리 성긴 노인이
점점 쇠잔衰殘해지는 기력에
마음을 잇대어 생기를 채워 줄
초록빛을 찾아 나선다.

어느 봄날의 단편斷片

이사한 지 얼마 안돼 초행인
어느 골목길을 더듬어 가다 보니
환한 학교 앞 길이 열린다
담장 따라 심어 놓은 봄꽃을
잔바람이 툭 건들고 지나간다

담 너머 운동장에는
소리치며 뛰는 아이들
칠순 나이에 마음은 동심이다
지난 세월이 어제 같은데
어릴 적 나쁜 일은 접어두고
좋았던 일만 생각해 본다

햇살이 봄의 윤기를 더해 주는 길
학교 마친 아이처럼
집으로 가고 있다
망가진 치아의 잇몸 보이듯
점점 어리어 가는 세월
어머니가 집에 계시던
하늘에 계시던
그쪽으로 가고 있다.

가치관 외 1편

신 윤 호

가치관을 함부로 비판하면 안 되며
비교와 비판은 본인을 힘들게 만들고
따라서 절망이 될 수도 있다
둥근 원형은 원형대로 직각형은 그대로

각기 다른 곳에 맞춤이 있다
아주 잘된 것에 치중 두지 마시고
조금 덜된 것도 그대로의 매력이 있듯
잘생긴 외모는 무척 부러운 대상이나
파고들면 나름대로 불만이 가득하다

보기에 다는 아니다
속마음과 겉마음이 다르듯
꽃은 형형색색 있듯이
그 나름대로 선율이다
잘생긴 외모를 가진 것에
부럽지 않을 자는 없으나

세상은 다 같을 수 없듯이
조금 남보다 모자라는 듯해도 만족하며
세상을 바라보면 그도 세상에 존경받는
대상이 될 수 있다

나보다 더 빈약한 사람도 많이
있다는 것을 염두에
두면 무척 편하다
그 삶의 가치는 각기
다르지만, 종점은 같다.

바쁜 생활

세상을 사노라면 참으로
놀랍고 아슬아슬한 삶이다
걱정 근심 없는 날 없고 바삐 달려도
달리고 달려야 하는 생

하루를 편히 지나가는 날 없듯이
왜 이리 정신없이 살아야 하는지
여유와 느긋한 세상은 없는가
누구나 세상에 함께 하다 보면

매일 아슬아슬한 삶을 느낀다
등에는 핵이라도 짊어지고 다니는 듯
삶에 불안과 초조 떠날 날 없이 맞이하는 세상
이렇게 바쁜 세상을 맞이하나 여유와 느긋한

하루도 아닌 평생을 달려야 하는 생
누가 만든 길인가 복잡하고 험한 길을
인생은 여유를 모르고 살아야 하는가
바쁜 생활 속에 허덕여야 하나?

끝없는 생활 열심히 뛰고 살아가는데
나는 새들도 여유는 있는데
인간은 노래하는 새만 못한가

내가 나를 찾아가는 길이 이리 험한지

고통과 불안과 초조하지 않고 달려야 하는 생
나를 찾을 길이 정녕 이리 멀고 먼가
잠시 느릿하면 좌절과 불안을 안고
내가 나를 볼 때는 끝인가.

기러기 외 1편

안숙자

잃어버린 추억을 찾아
바라볼수록
멀어지는 눈물 빛 하늘
우리 서로 추억을 찾아
구름으로 흐른다면
달려오고 달려가는 세월 어디쯤
억새꽃 안에 잠들었다가
바람의 배웅을 받으며
나도 소리 없이 떠날 수 있을까
한 세상을 흐르는 동안
허공이 가까운 마음의 부재
서로 어깨를 기댄 채
강가에 남긴 추억 바라보는 마음은
감출 수 없는 이 세상 속 그리움이다
아득한 심연으로 기우는 가을
내 마음속 모퉁이 돌아
세월이 단풍잎 앞에 서서
기러기에게 편지를 쓴다.

꿈의 이름

살아온 만큼 깊어진 삶의 강
꿈을 잉태한 채
고난의 출산 예감하지 못하고
거센 세월의 물살 거슬러 올라
산고産苦를 치른다

구름도 잡히지 않는 것이오
물 또한 잡히지 않는 것인데
어찌 그리도 길게 흘러와
잡히지 않는 것만 잡으려
몸을 불려 왔을까

도달 아득한 쯤에서
겹겹이 밀려들 저 파문 알면서도
기어이 소용돌이 속으로 밀려와
출산한 꿈
그 꿈의 이름은
시간 밖에 살아야 할 욕망이었다.

경축慶祝, 임태근 어머님 팔순 외 1편
―양정 여사님 팔순날에

양│남│하│

어느새 세월이 흘러 팔순을 준비하는
효자 효녀, 며느리 사위, 손자 손녀들과
80여 년을 큰병없이 살아오신 누님을 뵈니,
만감이 교차되는 흐뭇한 날입니다, 오늘은

세월 무게만큼이나 깊게 자리 잡은 주름들은
가난 속에서도 훌륭하게 자식들을 키워 오신
자랑스러운 훈장이기에
흐뭇한 촉촉함이 눈언저리를 간질입니다.

어릴 때 기억 속의 누님 모습은
한없이 겸손하신 성품과
끈질긴 인내와 희망의 눈망울이 반짝이던
작달막한 가녀린 모습이었습니다만,

사랑과 헌신으로 형제들과 자식들을 보듬으며
힘들고 괴로운 일에도 내색하는 일 없이
꿋꿋한 버팀목으로 지켜봐 주신 누님의 팔순을
감사와 고마운 마음 모아 축하드립니다, 건강협서.

세상을 비추는 등불 되리라
─정서우 첫돌 축시

아빠 엄마를 천사로 명받고
세상 나들이 일 년째인 오늘, 너의 첫돌을 축하한다

분유통과 기저귀 해열제 보습제 등 몇 수레 분량보다 많은
엄마 아빠 밤잠 설친 정성을 자양분으로

몽실몽실 자라며 뒤뚱 쾅 넘어지면서도
티 없이 빙새기 웃는 너의 해맑은 미소,

건강하고 행복한 인생을 기대한다, 서우야
세상에 남길 최고 선물은 바로 이것이기에!

하느님 섭리로 탄생하여 주님 안에서 쉬기까지
참 행복 향유는 쉽지 않을지라도

세례 성사를 받는 날의 빈 마음으로
눈물을 글썽이며 신앙생활을 할 수 있다면

보다 깊고 넓은 영적 지혜와 깨달음으로
세상을 비추는 등불 되리라 믿는다. 서우야

사랑한다, 많이 많이.

수박 외 1편

양 지 숙

엉덩이를 감싸는
둥근 방석에 눌러앉아
진초록과 검푸른 줄무늬 옷으로
더위를 한껏 끌어당기고는
동글동글 아닌 척
내숭을 떤다
끈끈한 물기가
축축하게 감겨오는
진짜 여름
엉덩이가 짓무를까
구멍 뚫린 방석에
곱게 앉아
청아한 시냇물에
반쯤 담근 몸을
한들한들 흔드는 꿈을 꾼다
고혹적인 열기에 취해
반쯤 감긴 눈으로
햇빛과 수작 부리다
더 새파래졌다

계절이 밀려오는구나.

매미

깊어 가는 밤에
더 깊게 서로를
애타게 부르는 소리
여름이 무성하게
커가는 소리
달은 눈을 동그랗게 뜬 채
구름에 싸여 빛을 잃고
달콤한 땅의 열기에
여름은 한창 흥분하고
간절하게 구애하는 그대
단잠을 내려놓을 수밖에
짧은 한철의 속삭임이여.

사과 솎아내기 외 1편

엄 원 용

과원果園 주인이 사과를 솎아 낸다
닥지닥지 달린 사과를 가위로 무섭게 잘라 낸다
수족을 잘라 내는 아픔이 온다

과원 주인은 안다
아파야 더 큰 사과를 얻는다는 것을

버리면 더 큰 것을 얻는 이 역설적인 원리

누군가가 말했다
인생도 더 큰 것을 얻기 위해 버려야 한다
버리면 가벼워진다
가벼워지면 더 큰 것을 얻는다

튼실하고 붉은 사과 같은 향기가 나는 인생
잡다한 과욕들을 훌훌 털어버릴 줄 아는 용기

인생은 사과를 솎아 내는 것이다.

종점을 향해

멀리 철길 위로 기차가 지나가네요
철길 아래로 강물이 흘러가네요
강물 위로 배가 지나가네요
강가 도로 위로 차들이 달려가네요
차도 옆으로 사람들이 걸어가네요
가로수 나뭇잎이 바람에 날아가네요
앰뷸런스가 병원문으로 들어가네요
영구차가 슬프게 막 지나가네요
해가 지고 하루가 또 지나가네요.

이렇다 외 1편

여|학|구|

평상시엔 하나,

'적군敵軍'이
관측되면 둘,

국경에 접근하면 셋,

국경을 넘으면 넷,

적과 접전接戰이나, 교전交戰 시에는, 다섯 개에
신호信號를 올린다.

낮에는 연기煙氣로, 밤에는 불빛[烽火]으로.

※봉화대烽火臺=봉수대烽燧臺, 운용運用 방법.

양지와 그늘

초근목피草根木皮로
연명延命턴 시절

학교 점심시간 도시락엔, 흰쌀밥,
쇠고기 장조림 등 진수성찬
젓가락에 집히지 않는 밥덩이는 돌아보지도 않았다

의衣, 식食, 주住 부족함 없이 자라,
배우고, 배필 잘 만나 가정 이루고,
원하는 일터 취업, 주위의 부러움 한 몸에 받아 가며,
승승장구 손색없는 듯 보였건만

어느 날엔가, 폐廢, 걸인乞人으로 전락
온 동네 방황하며 한술 달라
두 손 모아 애원하는 행색行色은 어떤 연윤가

인생 일장춘몽一場春夢,
이쯤에 자리 잡아야 하나

평소 나만 못한 이는 거들떠본 적 없었다
역지사지도 새겨봐야 했는데
혹여, 인과응보가 틈새 노렸나….

※지난 여정旅程, 어느 굴곡屈曲진 인생의 곁눈질 한 자락

그대를 사랑했노라 외 1편

오 낙 율

오늘밤 그대는
나의 호수를 찾아옵니다
나는 쪽배에 그대를 싣고
물소리도 조용히
노를 저으면

세상에 서러운 가슴
가만히 내려
내 품에 건네주시고
그대는 찰랑찰랑
물결 만지며
소녀같이 푸른 콧노래를
나의 귓전에 뿌려 줍니다

찔레꽃 흰 향기가
호수에 나부끼고
달빛이 온밤에 살랑일 때
나는 가만히
나는 가만히
배 젓던 노를 내려놓으며
그대를 사랑했노라
서럽게 말을 합니다.

꽃다지 · 2

새 응달
눈 녹는
봄 길 따라서
고운 님 저만치
떠나가는데,

산노루 지켜 울던
무덤 위에
밤새워 피었다네
노란 꽃다지.

우주에 대하여 외 1편

오 병 욱

별들은 헤아릴 수 없이 많고
허공은 얼마나 큰지 알 수 없고
나는 얼마나 작은지 알 수가 없지만
날마다 몸과 마음으로 길을 더듬으며
우주의 품속에서 있음을 감사한다.

허공이고 존재이다
변화이고 불변이다
신비이고 과학이다
그리고 한몸이다, 우주는.

인생의 자취

세상을 산다는 것은
이 세상의 한 페이지인
한 장뿐인 그대의 도화지에
점을 찍거나
선을 그리는 것이다

점은
커다란 점도 있고
작은 점도 있다
선도
굵은 선도 있고
가는 선도 있지만
점이든 선이든 다 좋다

주인인 그대는 때가 되면
붓을 놓고 서산을 넘는다

신기한 것은
금 비석, 돌 비석 상관없이
선량하게 그린 사람의 것은
아름다운 꽃이 곱게 피어 있고
좋은 향기가 세상에 퍼지나
불량하게 그린 사람의 것은
악취 나는 배설물이 세상으로 넘친다.

참자유란 외 1편

오칠선

참자유란
내 마음에서 다 놓는 일이리라

욕심의 덫
욕망의 가시덤불에서,
자유로이 풀리는 사유思惟의 몸,
그리곤 내 정신에서 매임없이
다 놓이는 것, 다 풀리는 것

참자유란
내 영혼과 육신이 스스로
자신의 꿈을 이루어 감이리라

자신의 목표를 이루어,
행복감에 이르는 참자유란,
스스로의 길을 걸어감이리라
걸어감이리라

스스로의 위대한 낙원을 향한
꿈을 꾸는 일이리라
꿈을 꾸어 감이리라.

다듬이질

옛날 어머니들의 다듬이질은
옷감을 다듬는 게 아니라
당신의 영혼에 찌든 세월을
다듬고 고르려던 자기 한풀이,
해방의 미학이었네

옛날 어머니들은 방망이로
신바람나게 마음의 주름살을 펴며
36년간 압제해 온 일제(일본 제국주의)를
난타하려던 화풀이
첩첩 고생담 털어내려던
멋진 넋두리였네

마루방에서 홀로, 혹은 마주 앉아
다듬이 방망이로
일제 日帝에 빼앗긴 봄을 되찾으려는
신바람 나는 난타전, 그것은
삼천리강산에 깊이 잠든
민족혼을 일깨워 세우려는
뜨거운 넋두리, 한풀이

아~, 그것은
이 땅 위의 우리 어머니들과

규수들만의 쾌도난마의 한풀이
여성 해방의 멋진 넋두리였네
멋진 행위 예술이었네.

고향 집 외 1편

우 성 영

허물어져 가는 돌담장
흔적만으로 짐작되는 방들

아버지의 사랑방 어름
오수 청하시던 모습
희뿌연 안개로 어른거린다

끈끈한 인연들의
영혼과 생명이 머물던 곳
소나기처럼 온몸의 피가
몸속을 후려치며 흐르는데

그 인과因果의 열매는
허물어진 땅에 눌어붙어
미망迷妄 속에서 출구를 잃었다

내가 우리가 빠져나간 공간
잡초 우거진 폐허 더미에는
떠나간 사람들의 사연뿐
한 무리의 새떼만 날아간다.

첫사랑

강나루
여울물 건너던
열여섯 살 처녀

살짝 걷어올린
속치마 밑
수줍은 희디흰 정강이

갓 익은
햇과일 냄새

문득
다가서는
아련한 꽃망울

건듯 불고 간
바람이 되어
갈증으로 남는다.

칠 일간의 사랑 그 첫째 날 외 1편

우 태 훈

우리가 처음 만난 곳은 시외버스 정류장이라네
같은 목적지를 가려 하고 동일한 버스를 함께
기다리고 있었다네
비포장도로를 희뿌연 흙먼지를 날리면서 오는 버스를 보면
우리 둘 가슴은 하늘 가까이에서 뛰었다네
같은 곳을 바라보며 검증되지도 않은 희망을 이야기한다네
아주 멀게만 느껴졌던 그 길이 오히려 짧다네
그날 뛴 심장이 영혼의 울림으로 지금까지도 용솟음치며
가깝고도 먼 그리움으로 번뜩인다네.

칠 일간의 사랑 그 둘째 날

눈을 뜨면 너무 쓸쓸해
눈 감으면 너무 행복해
그대가 내 곁에 있어 준다면 더없이 행복할 텐데
머릿속으로 뇌까릴 때[1]
태양이 떠오르면 그대는 먼 길을 떠나
내게로 오셨지요
얼마나 반가웁던지요
온고지신溫故知新의 작품을 찾아서
내게로 오신 당신의 눈에서는
금세라도 별이 쏟아질 것만 같았소
신神의 한 수를 배워 그 작품을 완성하려는
당신의 야심찬 희망에 전적으로 성원합니다
그대의 이름이 김홍기라고 하던가요
지금 그 사람 이름은 잊었지만
그 눈동자 입술은 내 가슴에 남아 있네.[2]

1) 가수 조영남 '사랑 없이 난 못 살아요'
2) 시인 박인환 〈세월이 가면〉에서

여름날 외 1편

원 수 연

스스로 온몸 던져
위험 앞에 나선 이여

용기 있게 불을 끄다
뒤돌아 바라보면

온 천지
짙푸른 심혼
끈질긴 삶과 만나

끓는 물을 쏟아붓듯
가슴을 태우면서

강물로 넘치는 정
잊지 못할 귀한 이와

무성한
여름을 풀어
오래도록 살아야지.

가을을 부른다

불볕을 쏟아붓는
여름아 떠나거라

힘을 길러 주고 난 뒤
너의 할 일 모두 했다

손 떼라
이제 점잖게
자리를 내어 줘라

가을아 어서 와라
네가 너무 보고 싶다

곱게 옷 갈아입고
비단 구두 신고 와라

나무야
너도 기쁘지
풀들도 웃어 다오.

토끼바위의 노래 외 1편

유│경│환│

구룡연 절승경개에 심취한 채로 토끼바위 노릇하는
너 토끼야 영리하고 날쌔고 사랑스럽구나

순박하고 평등을 원하는
서민의 표상이로다
친숙하고 온순하며
귀염성 있고 번영의 상징이로다
약자의 슬기를 지니고
적응력이 강하도다

너, 토끼야, 모든 선善의 근원이오
평화의 상징이로다
우주의 맥박에 맞추어 움직이는 토끼야
영혼의 가락에 귀를 기울이고
온화한 태도와 친절한 마음을 지녔도다
순응력을 스스로를 가라앉히고
우아한 빛깔로 조화시키는 말을 하도다

부드러운 말씨와 품위 있고
재치 있는 토끼야,
이해심 많고 겸손하고 사려 깊도다
심사숙고하며 조심성 있고
신중함이 있도다.

옥황상제바위의 노래

세존봉 구룡연
거울 같다고
허더니 만서두
참말로 맑기도 하돗던고

지엄하신 옥황상제 분께설랑
체면도 다 내던져 버리셨나빵
팔선녀 몸 담갔던 그곳이 어데라고
남녀가 유별한데도
황제는 무치無恥라고
부끄럼도 없었나빵
구룡연에 옥황상제도 목욕했나빵

아하하하
<u>오호호호</u>
<u>으흐흐흐</u>
이히히히
우서웁다, 우습다.

금강산 산지기 산신령한테
들켰다나빵
불법행위라공
천벌을 받았다니 말일세그려.

만남의 강 외 1편

유 나 영

떠돌다가
누가 부를 것 같아
만남의 자리에 와 있습니다

강기슭
오래 가두어 둔 풀 이파리
다닥하게
숨 쉴 그 사랑의 자리에 와 있습니다

얼룩진 이야기 풀섶에 무늬 띄우고
긴요한 이야기는
풀이 밴 자리에 떠돌겠고

그런 까닭에 밤별이 돋아
떠도는 날
나는 만남의 자리에 와 있습니다

강나루 건너서
그 꿈의 밭에 머무는
기억을 급히 불러 세우고는
강 이랑에 와 있습니다.

기억 속에서

물줄기처럼
그렇게 시간은 가게 되는데
기억은 홍보석처럼 반짝이면서
꽃비늘이거나
그리움으로
사랑을 호소하고 있었다

바위에 둘러앉은 풀 이파리가
바람에 젖어
세월 가는 이랑에서 울고 있듯이
사랑도
어디쯤 흘러가다가 부딪혀 오고 있었다

기억이 번성한 잡풀처럼
무심하게 자라고
그리운 날만 남겨 놓고 헤어진 사람
영원의 둘레를 벗어날 수 없어서
움츠리면서 떨어 대고 있었다.

지구의 녹색화 외 1편

유 양 업

휘도는 창조 질서 숨쉬고 자라도록
파란 물 청정 공기 온누리 펼쳐 놓고
살며시 숲 가꿔 가며 보존하리 영원히

지천에 흐드러진 가냘픈 들꽃송이
눈먼 맘 깨우쳐서 배려한 손길 주고
눈가에 연민의 노을 촉촉하게 적신다

어스름 묻은 곳에 정의를 펼쳐 들고
초록산 팔에 끼고 평화의 허리 감아
은빛의 황홀한 절경 신명나게 펼친다.

해돋이

하이얀 둥근 방울 빛나는 꿈 꽃송이
가슴에 희망 얹어 불그레 솟아나고
어둠을 감싸 안으며 밝아 오는 여명 빛

화사한 꿈길 따라 흰 구름 한입 물고
고운 님 옷자락에 살포시 물들여서
가슴에 뜨거운 사랑 붉은 숨결 내뿜네

아련히 일렁이는 사무친 그리움들
오롯이 솟아나와 옛 추억 끌어안고
사랑의 황금 빛살로 온누리에 펼치네.

나는 누구인가 · 138 외 1편
—한강 정구 선생님

윤| 한| 걸|

첫눈이 펑펑 내리는 어느 날
오후에 길거리에 사람은 없고
차들만이 빠르게 강창교를 건너고 있다
땅은 물기에 젖어서 울고 있다

지금 집이 없는 사람은 어디에 있을까
솜뭉치처럼 하염없이 내리는 하얀 눈
온 세상이 백색의 눈 속에 묻혔다
이락서당에 글 읽는 유생은 없고

새로 지은 서당이 밝은 나무색으로
흐르는 금호강물을 지켜보며
지난 세월 한강 정구 선생의 유년을 그리고
말없는 금호강 푸른 물이 흐른다

한때는 많은 유생들이 들끓었고
글 읽는 소리 하늘을 찔렀을 서당
뒤뜰에 도토리 대나무만이 헛기침을 하고
지난 세월을 더듬고 있다

도동서원 앞마당에 한강 정구 선생님이
심었다는 사백 년생 은행나무 내 몸을 못 이겨
지팡이 4개씩 짚고 굽어본 세월 저 높은 하늘
흰 구름만이 뜨거운 가슴 적시는 걸 보는 나는 누구인가.

나는 누구인가 · 142
— 수 저 두 벌

무심한 세월은 식탁 위에 수저 두 벌 놓인다
이 어렵고 각박한 세상의 한 모서리에
금호강물 소리 없이 흐르는 옆집

두 내외 사는 집에는 수저 두 벌
간장 종지 왜 등등이 있고
바람처럼 왔다가 떠나는 세월

명절이나 생일날이 되면
두 벌 수저도 잠을 자고 있을 터
나가서 외식을 하니 휴식을 취한다

그런데 아들 며느리 손자 오면
수저는 삼배수 오배수 불어나고
왁자지껄하는 온기 속에 번지고

딸 사위가 오면 또 사배수로 불어나니
십배수가 되는데 막내 손자는
아직도 첫돌이 안 되었으니 모유와 우유 먹고

손자 네 명이 한나절 헤매고 놀다 가고나면
나머지 모두는 내 차지인데 구석구석을
헤매고 다닌 흔적은 수저 한 벌도 제자리에 없다

그 집에 사람이 사는 표가 아이들의 손끝에서
흘러나오는 것이오 웃음소리가 그 집을 살찌게 할
것이며 행복을 안겨다 주는 것이다 나는 누구인가.

이부자리 둥지 외 1편

이 근 모

산새들이 둥지를 떠날 때
나는 이부자리 둥지를 틀었습니다
그 치열했던 생존경쟁에서 돌아와
가을 노래가 있는 안식처에
이부자리 새 둥지를 틀었습니다

한여름 불볕 속
땀방울에 가렸던 눈시울이
쾌창한 하늘 아래 활짝 열려
손에 잡힐 듯

여치베짱이 귀뚜라미
그들과 함께
이부자리 둥지 속에서
달 밝은 가을밤 노래를 푹신푹신 불러봅니다.

고목나무 열매

나는 고목나무에서 열린
단맛 많은 열매

젊은 나무 열매는
달고 쓰고 시고 떫은
다양한 세상맛을 내지만

내 고목나무 열매는
가마솥에 곤 엿처럼
연륜 많은 나이테에 담아 놓은
진액의 열매.

갈대 외 1편

이 기 종

온몸으로 하늬바람 맞으며
소리 내어 외롭게 울고 있는 갈대는
가을밤 별을 헤면서
슬픔을 가슴에 묻는다

세월이 짧아서 더 억세지려고
칼날 같은 잎을 만들었지만
서로를 껴안으며
듣는 이 없는 노래를 부르네

갈대처럼 늘 흔들리면서 그렇게 가는 길
슬픔을 꺼내 바람에 날리며
그리움을 엮어 갈대밭에 놓으면
갈대 바람 타고 날아갈 것 같다.

석류

푸른 잎 사이로
무더위 속에 몇 번인가 담금질하여
소나기로 목을 축이며
탐스럽게 자란 석류石榴가
여인의 젖살같이 부풀어
투명한 알알이 방긋이 웃는다

찬바람이 불어와
꼭꼭 숨겨둔 알알이
두꺼운 껍질을 깨고
수정 같은 미소로 살며시 인사하네

가을의 맑은 햇살은
맑고 깨끗한 너의 속살을
따사롭게 보듬어 주고
익어 가는 사랑을 미소로 화답하네.

장마·1 외 1편

이 나 열

연일 비가 내린다
밤새 비바람까지 몰아붙인다
달빛도 없다
비바람 부딪치는 소리뿐이다

나는 비 내리는 것을 좋아한다
장마는 더욱 좋아한다
실컷 비 내리는 것을 볼 수 있으므로

비를 맞으면 내가 정화되는 것 같다
내가 씻겨 내리는 것 같다
씻겨 내려 더러운 것이 다 씻겨 내려
나 아닌 것이 다 씻겨 내려
씻기고 씻겨 내려
지겹도록 씻겨 내려
마지막에 남는
진아眞我

장마 땐 오랫동안
달빛을 보지 못한다
그러나 달은 그 속에 있다
보이지 않으므로 더욱 아름답다.

겨울나무

스산한 겨울
내 마음에도 스산한 바람이 분다
바람이 세차다
나도 바람에 휘청거린다

앙상한 나뭇가지에
남은 몇 장의 나뭇잎이 바람에
떨고 있다

겨울나무 뿌리엔
겨울의 몸이 있다

황량한 겨울날
겨울나무들, 그리고 숱한 뿌리들
그 아래
엮여 있는 커다란 몸을 본다

다 떠나가 버린 들판
나는 외롭지 않다
텅빈 벌판에 충만한 커다란 몸
당신을 보기 때문이다.

날짓 날짓 외 1편

이 동 근

가족을 구성하는 척도가
화폐로 귀결될 때
정체성은 잊은 지 오래

그것은
짧은 계절을 인식하듯
나비도 잠자리도 날짓 날짓

결혼, 이혼, 비혼, 휴혼, 졸혼
이 모든 것을 뭉뚱그려
자아를 찾아서 날짓 날짓.

메주처럼

잘 숙성시킨 메주처럼
우리 사랑
그렇게 그렇게 익어 가기로 해요

동지섣달 재 너미 안마을에서
굴뚝 연기 피어오르고
어머니가 치대는 그 메주처럼

무른 메주 밟듯 잘 풀어서
된장, 간장, 고추장
저마다 독특한 맛나듯이

잘 숙성시킨 메주처럼
우리 사랑
그렇게 그렇게 익어 가기로 해요.

친구야 놀자 외 1편

이 만 수

순간순간에 지워지는 필름
자주 뇌리를 자극하는데
나무에 기댄 채 마디마디 열매를 달고

떠날 듯이 떠나갈 듯하다 되돌아서는
손님처럼 찾아 나선 이어져 흐르는 물줄기같이
지금은 이미 늦은 시간에

나는 이미 당신의 종이 되어 추위와 더위에
시절을 탓하며 타협한다
분명 꿈이 아니었다고
바람에 따라 변하는 구름이 되어도
계속 고함치며 나뭇가지는 춤을 춘다.

그대에게

봄이 짙어 가면 가꾸지 않아도
광대나물 홍자색 꽃이 맨 먼저 인사하면
그 이웃 산자락에 들꽃과 함께 피었다 사라지는
당신은 엘레지 꽃
아라베스크arabesque가 아닌 그대
밤이슬에 피었다 태양과 바람에 쓰러지는

그 꽃잎 술잔에 담아 그윽한 향기 그대에 바치려
겨울의 따가움이 피부를 자극하던 한방 병원의 침처럼
훈훈한 봄 기운이 포극한 통증을 말끔히 씻어 주면
논두렁 밭두렁 양지에 이름 모를 들꽃이 시새는

와!
봄이 왔다 그대여.

산골 풍경 · 782 외 1편

이 명 우

봄바람으로 실을 뽑아
만든 천으로

저녁노을 삶은 물에
염색을 해서

잠옷을 만들어
아내를 주었더니

허리가 꼬부라져
입지를 못하네.

산골 풍경 · 828

뒷산에 혼자 사는
신선의 초대를 받고
아침 먹으러 가보았습니다

별쌀로 지은 별밥에
저녁노을 뜯어 쌈으로 올리고
구름 속잎 김치에
무지개 한토막 구워 놓고
바람의 알도 삶아 놓고
달빛으로 끓인 국

이 산골에 살다 보니
나도 신선이 되어 가나 봐요
이런 음식을 다 먹어 보고요.

가을 노을에 서면 외 1편

이 서 연

단풍빛 하나가 툭
내 안에 떨어진다

못 부친 엽서처럼
서성이다 지친 하루

마른 숨 쏟아내는 사이
침묵만이 스미어.

이 가을 그 사람

마음 밖 마음 안이 섭리 앞에 여여한 이

소박한 추억 위해 바람결 빚어 놓고

그리움 물무늬 된 사연 가을빛에 태우다.

움직임 외 1편

이 선 영

어둠은
썰물처럼 빠져나가고

햇살이
마당 위로 스며드는 아침

까닭도 모르는
빚진 마음이 부대끼다

오늘도
버스 정거장으로 향한다.

지나가는 어둠

다 자라도록
아이는
큰 몸으로 내 무동을 타고
돌아다닌다

이빨은 바람이 드나드는
샛길이 되고,
작은 햇살에도
문풍지처럼 떠는 입술이
쉰한 소리를 내어도

어둠 앞에서
자꾸만 꺾어지는 것들을
곧추세워 가는 것이
인생이라

시간 속에서
자라가고 사라져 가듯
가면 오지 않는
바다로 숨어들어 가는
안개와 같은 것일지라도….

겨레의 서시序詩 외 1편

이 성 남

신비로운 사계절의 국토
집시무리로 흐르던 정겨운 민족
시새움 부리며 훼방 놀던 이웃 나라
혈맥 자른 세월 35년
전쟁으로 찢겨 광란하는 민족
방황의 길로 맥은 끊어지고
우리 것 모두 팽개치고
남의 것 몸단장으로 치닫는
혼란스러운 정신
인仁, 의義, 예禮 흐트러진다
단군이시여! 천지신명이시여!
광란하는 이 민족 어루어
녹슬은 혼 사그라들기 전
겨레의 핵核을 건지게 하소서
거듭 생멸하는 순치純致 따르게 하고
거드름 버릴 줄 아는 참사랑이게 하소서
산마루 피어오른 햇살 늘 싱싱하고
풀잎에 스민 이슬도 푸르러
천지인天地人 알고
인, 의, 예 되찾으면
기필코 기필코 해돋움하리니.

삼림욕

시들시들한 이파리
낮달도 하얗게 질려
여름을 뒤척인다

허허벌판 드난살이
넘실거리는 더위 말아들고
빗살무늬 멀쩡한 산골로 갈까

푸들푸들 경련하는 마음
물푸레나무 숲 속에서
치렁치렁한 무채색 한아름 퍼 올려
삼림욕森林浴하고 싶다

잎새 사이로 묻어 든 햇살
살금거릴 때
다람쥐처럼
칡넝쿨 속에 갇히고 싶다.

풋사랑 외 1편

이 수 일

이리 오래 살았어도
아직 사랑에 익숙지 못해

지난밤엔 양귀비를 만나
생전 처음 화려한 사랑을 했지요

아침에 일어나 보니 글쎄
여우베개를 안고 있네요

밤새 귀신과 놀았나요
밤새 도깨비와 놀았나요

하룻밤 새 왕이 되었다가
하룻밤 새 거지가 되고

그 곱던 무지개도 간 곳 없고
한 방 가득한 향내도 사라지고

거짓 잉태한 베개 부인만
아직도 익숙지 못한 하룻밤 풋사랑.

봄처녀

아직도 개울엔
잔설이 남아 있는데
벌써 긴 머리 봄처녀는
머릿결이 팔랑인다
자를까 말까
봄보다 더 먼저 봄이 왔다
입을까 벗을까
온종일 옷장 문이 바쁘다
꽃샘추위에도 안 추운 척

콜록콜록 춘래불사춘.

몽돌 외 1편

이 순 우

처음엔
올림포스 산정
시시포스가 굴려 올린
그 바윗돌이었다

구르면서
부서지고 깨어져
천 갈래 만 갈래
수수억의 조각돌 되어
바다 변죽까지 이르렀네

파도가 밀려와
수만 년 쓰다듬고 어루만져서
이루어진 걸작품
몽돌

몽돌 속 그 무엇도 들어갈 수 없는
다져진 견고함

유구한 세월과 역사를 담고
밤이면 달님을 연모하고
낮이면 반짝이는 햇살에
재잘대는 인생사
시고 쓰고 달고 맵고 짜다 하네.

내 영혼의 불꽃

내 밀납 초일 때
그대 성냥불 되어 주오

가슴에 지핀 불
너무 뜨겁지 않게
고요히
흐르는 촉루로 눈물로
황홀하게 황홀하게
그리움으로 타들어가
걸음걸음 고운 추억의 그림자들

이 세상에서
나를 아껴 준 사람들
내가 사랑한 사람들

고운 불꽃으로
그렇게 그렇게
다 타들어가
고운 이슬로
유형과 무형 사이
영원으로 이어지는 길목
저 하늘 별을 담아 영원히 빛나라.

우리 동네 외 1편

이 영 순

굽이마다 사연 많은 세월 안고
하늘 자락 아름다운 웅장한 북한산 아래
구름이 쓸고 가는 둘레길
휘청거리며 떠나는 갈바람
또 한 번의 계절은 가슴을 스치고 미끄러진다
내가 사는 불광동 어귀 해가 지면
황홀한 가로등이 켜지고
옆 동네 진관동 진관사 뜰엔 낙엽이 떨어져 홀로 뒹굴고
대조동 바람이 갈현동 바람과 엮여 노닐 때면
밤의 정적을 깨고 로데오 거리는 불야성이 된다

따스한 인생을 말하듯 희망과 꿈을 좇는 사람들
거리의 인ㅅ 꽃으로 출렁대고
삶의 정겨움이 있는 불광동 시장
언덕처럼 기댈 수 있는 예배당이 있고
내 삶이 묻어 있는 살기 좋은 우리 동네
불광동에 산다는 게 나는 행복하고 자랑스럽다.

향기

한설의 매화 향기
제아무리 아름다워도
내 가슴에 남몰래 핀
그대 향기만 하오리
봄바람에 핀
황홀한 꽃이라도
사람의 도리를 아는
가지런한 연緣꽃만 못하니

사람이 사람에게 주는
향기보다 더 아름다운 건
이 세상에 아무것도 없으리.

가을 환상幻想 외 1편

이 용 우

풍요턴 푸른 잎도 힘 부치어 낯 붉히고
햇살이 은행잎에 노란 시를 낭송하면
허아비 들판에 서서 파란 시를 읽는다.

거둠이 넉넉하면 안화安和가 집을 짓고
물오른 누이 볼빛 까치밥 닮아 가면
빨아 넌 옥색 치마폭 하늘빛도 고와라.

강물은 에돌아서 산야를 품어 안고
바람이 가지 끝에 펼치는 자진모리
날리는 세월 진 낙엽 정토淨土길을 닦는다.

산다는 것

이 땅에 산다는 건 강물로 흐르는 것
망연히 흐르다가 굽이쳐 투덕대며
시간의 굴레를 쓰고 바람세로 흐른다.

아둔한 기상氣象으로 물살도 갈라 보고
솟구쳐 뛰어올라 패대기도 쳐보지만
영어囹圄의 시간 물결에 허덕이며 굴러간다.

밑바닥 성근 틈새 등줄기 비벼대며
낮은 곳 찾아가는 현자의 깨우침을
스스로 실천 수행에 몸 바치는 일이다.

정든 아리랑 외 1편

이 우 재

아리랑 아리랑아 은항문학 들어보오
정든 님 아리랑아 건강 달라 아리랑아
아리랑 안고 온 사랑 잘도 넘는 아리랑

아리랑 아리랑아 스승님아 나를 보오
어버이 아리랑아 사랑 주심 아리랑아
아리랑 미아리고개 죽자 살자 아리랑

아리랑 아리랑아 한국 혼불 돌아보오
할버지 아리랑아 양반세도 아리랑아
아리랑 참고 견디오 행복이여 아리랑.

현충탑

내 조국 있었기에 넉넉하게 살았노라
내 민족 살폈기에 참사랑도 안았노라
내 전우 힘 있었기에 싸워 싸워 이겼노라

소대장 앞장서서 전우 사랑 평화 글로
집집을 민주화로 사상통일 안보 글로
오늘도 승전 일기장 북쪽 구름 내몬다

육이오 아픈 한을 육십년 꿈 통일 깨고
전우들 어루만진 자유대한 보듬으며
현충탑 겨레 사랑길 고마운 손 잡는다.

낙화 외 1편

이 원 상

찬란한 봄날에
벚꽃들이 흐드러지게 피었다가
바람에 속절없이 지니
마치 흰 눈이 내리는 것 같네

꽃이 피었다가 지지를 않으면
누가 아름답다고 말하랴

바람이 불고 또 불어
꽃잎이 하얀 나비처럼 훨훨 날아가니
허전한 맘이 밀물처럼
밀려오니 무슨 일이랴

꽃잎이 져서
땅에 차곡하게 싸이고 싸여서
우수의 그늘이 심중에 드리우니
어찌된 일이랴

오가던 길 걸음 멈추고
허공을 멍하게 바라보니
환희의 함성이 사라지며
허전한 메아리가 귀에 스쳐 와
눈물 되어 **뺨**에 흐르니 웬일이랴

통곡

주왕산 단풍이 어느덧
낙조에 통곡한다
회상하는가
시간의 속성을

별의 광채가 부시다

그 창망한 여운을
회상하는가
11월의 서글픈 상념을.

묵묘 외 1편

이은협

흔한 비문도 없다
고사리 억새 딸기 넝쿨
영혼처럼 뒤집어쓰고
쓸쓸히 보낸 세월 그 얼마인가

비문들 잠 속으로 끌고
늙어 주저앉은 묘
자식 못 본 지 오래인지
스산한 가을빛에
허연 억새머리 흩날린다

저 아득한 삶의 끝가지에
모신 묻으며 오열한 분신들
흘린 눈물의 맹서 어디 가고
자취조차 희미한 묘 앞에
구목* 한 그루
머리 숙여 묵념한다.

※구목: 무덤가에 있는 나무

임에게

허공처럼 허전하게 빈 가슴으로
그대 사랑한다고 말을 하려 하니
헤아릴 수 없는 밤하늘 별들만큼
아주 많이 너무나도 그립습니다

아주 많이 그립다는 말을 하려고
마당 거슬러 하늘에 별 잡아 손에 쥐면
그리움의 씨앗이 노랗게 익어 간
아름다운 들꽃 같은 그대 해맑은 얼굴
무척이나 더 보고 싶어
늘어진 달빛 그림자로 뒤척입니다

무척이나 보고 싶단 말을 하려고
사랑이 송알송알 맺힌 꿈길 가면
밤새워 임 찾아 우는 소쩍새처럼
점점 슬프도록 기울어지는 그리움에
몸살 앓는 눈물이 목을 움틀거립니다

아주 많이 사랑한다는 말보다도
무척이나 그립다는 말보다도
더 간절한 가슴 저린 말이 있다면
그것은 아마도 아마도 임의 얼굴
죽고 싶도록 보고 싶다는 말 같습니다
내 사랑하는 그대여.

망각 외 1편

이 인 오

지난가을
내쳐둔 허수아비

해지고 낡은 옷이
패잔병의 깃발처럼 서글픈 날
종일 내 잔등도 시렸다

바람도 돌아가는
산모퉁이서
비뚤어진 고개를 갸웃거리며
누군가 잊지 않고
와 줄 거라고,

바람에 귀 기울이며
애절한 눈빛으로
산 넘어 돌아올 그를 기다리는

잊혀진 줄도 모르고.

화장터에서

무엇을
말하려는 것일까

밤새워 울다
새벽 창문을 두드리는 바람
붉은 벽 그을린 연기 자국으로 사라져 갔다

한 아이가 울고 있다
울지 마라
영혼도 서러워서 못 떠난다는구나
글썽거리는 동공 속으로
이글거리는 불길이 비쳐 든다

죽음은
다만 껍질을 버리고
다시 태어나는 것이라서
낙엽처럼 태워지는 것이라고
그런 거라고
불길이 탁탁거린다

불길은,
여전히 진행형이라고.

매화梅花 찬讚 외 1편

이재곤

눈 속에 피는 꽃잎 그 향기 팔지 않고
설한雪寒에도 송죽松竹처럼 굳건한 그 절개
불의不義에 물들지 않은 선비들이 아낀 꽃.

다섯 잎의 순결한 희고 붉은 꽃으로서
그윽한 그 자태는 군자君子의 품위 같은
요염한 벚꽃에다가 비교해선 안 되지.

소나무 대나무와 세한삼우歲寒三友 벗이 되고
미인의 머리에도 장식됐든 매화잠梅花簪
지조를 연상시키는 격조 있는 매화여.

산촌 소묘素描

산 둘러 비탈진 곳 온갖 씨앗 심으면서
소박한 소망이랑 가슴속에 심어 두고
이곳의 부푼 꿈일랑 구름 속에 묻는다.

초여름 등성이엔 풀 향기 짙어 오고
애틋한 가슴속엔 순박한 풍농의 꿈
산촌의 농번기 철엔 뻐꾸기도 저리 울고.

파란 빛 물든 하늘 창공에 출렁이면
기러기 높이 날고 참새 떼 몰려오고
저 들녘 허수아비는 어깨춤이 흥겹다.

가면 외 1편

이 재 성

치부를 감추듯
염색을 한다

세월의 무게를 잊었는지
젊은이도 늙은이도 아닌
별종 인간

산전수전
단풍잎이 웃는다.

냉장고

봉지마다 다른 이름
만원버스 같다

싱그러움 저장한다지만
세월의 냄새

포도주는 오래 묵을수록
좋다던데
그런 냉장고 없을까.

홍학 외 1편

이 정 님 이룻

물 위에 서 있는 이 갈증
한평생 임 위한 한 넋을 부리며
임 찾아 나서 수만 리 길

파도 등에 얹혀 온몸 부리고
다독여도 다독여도 타들어가는
임을 향한 이 갈증

천 년을 풀어 물에 띄우며
해넘이 하다 붉어진 내 긴 목

바람 자는 날
내 육신 바다의 뿌리까지 내려가
임 향한 내 갈증 풀면
그때야
내 춤사위 그대 사랑의 너울일는지.

나는 곧 당신입니다

나는 곧 당신입니다
아담의 갈비뼈로 만들어진
바로 당신입니다

나는 곧 당신입니다
언제나 따스하게 다가서는
당신의 마음입니다

나는 곧 당신입니다
옆구리 시려 가슴 파고드는
당신의 육체입니다

더없이 깊어지고
더없이 편해짐은
우린 처음부터
하나이기 때문입니다.

이 가을에는 외 1편

이 정 자

서늘한 바람결에 익어 가던 단풍들이
스르르 떨어지는 만추의 낙엽에도
감사의 마음을 담아 기도하게 하소서

계절을 역행하며 피어난 풀꽃에도
자연의 위대함과 수확의 기쁨으로
사랑을 나누어 주는 시간이게 하소서

앞서간 이름 따라 순행하는 곳에서도
영혼의 길을 열어 나아가는 삶에서도
더불어 당신을 향한 기도이게 하소서.

전원에 살다

전원에 발 담그니 마음도 맑아진다
푸르른 산도 좋고 물소리 더욱 좋다
세속의 공명쯤이야 자연 속에 묻힌다.

사월四月 외 1편
―한강가에서

이 종 문

강물은 바다로
유유히
또는 거세게

잉어 떼는 파다닥
위쪽으로
힘겹게

후두둑 산란의 계절
강물이 춤을 춘다

거슬러
오른다는 것
살기 위한 몸부림

산다는 것
언제나
세파에 맞서는 것

가다가 쉬어도 가렴
물풀이 손짓하는 곳.

김포金浦 강변에서

해 지는 노을이 강물을 물들이면
한강물도 고개 돌려 지나온 길 되돌아본다
온 세상 정기를 모아 달려온 팔백 리 길

세월은 저만큼
어서 오라 손짓하고
마음은 주저주저 따라가기 싫다 해도
인생은 물과 같아서 절로 절로 간다네

강물은 물길 따라
인생은 세월 따라
세한歲寒의 잎새처럼
사라지고 마는 것들
노을이 아름답다 하여도
지는 해를 어찌하리.

뻥튀기 외 1편

이 종 수

하루 종일 시장 한편 난전에서
대포동 미사일을 쏘아대고도
아무렇지도 않게 주섬주섬
돈을 챙기고 있는
검게 탄 두툼한 얼굴, 저 철면피

먹은 것은 복어처럼 볼록한
배에서 반드시
확대 재생산하는
당대 최고의 펀드매니저
지금까지 한 번도 손해 본 적이 없다

늘 뻥뻥뻥 뻥뻥뻥 허풍만
치고도 사람들한테 욕은커녕
칭찬을 듣는 못 말릴 거짓말의 달인

일터에만 나가면 그의
가슴은 언제나 용광로처럼 뜨겁다

이 나라의 경제도 한번 뻥튀기 해보자
그래서 주색에 절어 쓸데없이
한시漢詩나 주절대고 있는
이태백들을 이 땅에서 모두 몰아내자

그리고
수도 없이 날림으로 지어진
사오정을 이 땅에서 모조리 헐어 버리자.

통일전망대에서

통일전망대에 서서 망원경으로 바라보니
군사분계선 북쪽 녹슨 철조망 너머로
북괴군 최전방 경계초소가 보인다

군복마저 우중충해 보이는 병사들이
진지 보수작업을 하는지 분주하게 움직인다

새들도 어디로 떠난 적막한 산간에는
흰 구름만 장벽 없이 자유롭게 떠간다

한핏줄의 형제들이 철천지원수가 되어
고지에서 능선에서 참호 속에서
피를 흘리며 치열하게 싸웠던 옛 전장

멀리 보이는 저 산이 무슨 고지인가

휴전이 되고 반세기하고도 14년이
지나 나는 이 전망대에 서서

적군과 아군의 포탄이 교대로 천지를 갈기갈기
찢어대는 와중에 공방을 거듭하며 화약 냄새
피비린내 시체 썩는 냄새가 천지에 자욱한
옛 전장의 참혹했던 전투 장면을 상상하고 있다.

비 내리는 풍경 외 1편

이 지 언

누군가 나에게
흐르는 눈물을 감추지 못하고 있다
여태까지 어떻게 이 슬픔을,
이 아픔을 숨기고 살아와야 했는지
이제는 보이고 싶지 않던,
숨겨야 했던 사연들이 복받쳐
이렇듯 쏟아내고 있는가 보다

이럴 줄 알았다면
내 등에 무거운 짐들을 조금씩 풀어
너의 부끄러움을 좀 덜어주어야 하는데….
땅으로, 땅으로 내디더 적셔지는
단조의 구성진 너의 목소리

세상은
조근조근 울려 퍼지는 노래에 취해
두고두고 기억하고, 또 기억해내며
네가 지상에 내려오기만을 기다리나 보다
그렇게 나는, 너를 가끔씩 생각하나 보다.

사람과 나무

바람이 분다
가슴을 뚫고 지나가는 비바람에
쇠약해질 대로 쇠약해진 나무들 대신
새들이 가지에 앉아 울고 있다

심연 속으로 소멸되어 가는
소란했던 오늘이여
비록 마른 낙엽이 타오르다가
하나의 원소로 사라져 가겠지만

흔들림이란
누구나 홀로 감당해야 할 몫인 것을
두려움에 떨려도 피할 수 없는 것을

나는 왜 아직도 저녁 바람에
뜨거운 햇살 고름 풀지 못하고
어린 물고기처럼 잔잔한 물보라에도
팔딱이며 뛰어오르는가.

추상화抽象畵 외 1편

이 진 석

고운 색감들이
혼돈混沌으로 흐르다가
마침내 조용히 풀리는
출렁이는 강물

꽃의 신화를 아는가
그 속에서 빚어진
여러 색깔의 아픔,
가슴에 안겨 오는
해바라기의 의미를….

세찬 바람이
하늘을 향해 불면
나는
화려한 색깔들의
크나큰 항거로
금방 부서져 버리는 걸까.

사계십이운 四季十二韻

꽃 피워 아름답고
새소리 즐겁더니
아쉬운 끝자락,

버들잎 실눈 뜨고
떡갈잎 기지개 펴
넉넉한 세상 모습,

아름다운 노을처럼
붉게 타는 단풍은
가을의 절경일세,

삼동三冬에 깊이 잠든
소중한 생명들
부활의 동이 튼다.

남강의 가인들이여 외 1편

이 처 기

강물에 흘러가는 건 유등불만 아니다
낭창낭창 남인수 노래 밤물 젖어 흐르고
이봉조 섹스폰 울림도 우수에 젖어 있다

강물 잠겨 우는 건 호국사 저녁종만 아니다
이재호 5선지가 떠오르다 잠기더니
목풍금 두드리면서 정민섭도 울며 간다.

※남강: 진주 남강

가인 장사익

세모시 적삼 두루마기 바람을 휘젓는다
날렵히 접다 펴는 부챗살 추임새에
서천에 자는 구름도 내려와 잔을 든다

아련히 엮은 꿈은 하늘에 심어 보고
땅에서 사는 날 새들과 찌껄이다가
목 메인 울림은 쉬어
허어이
허어이 가는

머물던 간이역 너머 자고 있는 허허바다
속으로 타는 소리 하늘문에 부딪치고

꽃구경 마치고 가는 길에
지는 솔잎

한잎

두잎.

※장사익: 맨 목으로 맨 울림을 토해 내는 살아 있는 소리꾼이다. 꾸미지 않고 내 뱉는 그의 절규는 하늘과 땅으로 스며들어 우리들을 울린다.

민들레 외 1편

이 한 식

인생은 한 송이 민들레
노란 꽃송이로 핀다

어디로 어떻게 날아가야 할까
하늘대는 바람씨가 애처롭다

아득한 세월을 뛰어넘어
멀고 먼 여행길에 나선다

아름답던 꽃이 시들고 나면
두둥실 펄럭이는 멋진 날개를 편다

무언가 알 순 없어도
가슴 뭉클 밀려오는 향수

온갖 고난 다 이겨내고
한생애를 마치고 나면

지금까지 살아온 이곳을
홀연히 떠올라 먼훗날 또

어디에서 어떻게 태어날까.

백련

때묻은 마음까지도
맑게 씻어 준다는
백련 꽃

인간 세상의 모든 번뇌를
잊을 수 있도록
세월 속에 묻어 놓고

이루지 못할 사랑
그리워 못 잊어
어찌 그리 염원했나

마음을 편안하게 하여
정신만 잘 차려도
해탈에 이른다는데

추억이 숨쉬는
알 수 없는 사랑으로
목멘 그리움.

마음의 돌탑 외 1편

이 형 환

홀로 있는 이의 곁에
한 점 바람으로 다가서련다
충청도 송암사 밖 돌탑처럼
외로운 이의 가슴에
언제나 생각하게 하는
마음의 고향으로 삼고 싶다

너무 크지도 않은
너무 높지도 않은
작은 돌탑처럼
홀로 있는 이는
거목 시인.

사랑의 법칙

사랑할 때는 근시
이별할 때는 원시

키스할 때는 사랑할 때
악수할 때는 이별할 때

사랑의 유전자ATGC는
A가 T를 만날 때는 달콤
G가 C를 만날 때도 벙글

A가 C를 만날 때는 삐끗
G가 T를 만날 때도 삐끗
연분은 따로 있나보아.

백합 향기 외 1편

이 호 연

백합도 갇히면 되레 해롭고
사랑도 묶이면 멍이 들어요

이웃들 웃음꽃이
향기로 피어나게

창문을 활짝 열어 인사를 나누고
가슴을 활짝 펴고 고민을 나누고

서로서로 풀어 가며
웃으며 이야기하며
더불어 살아야 해요

백합도 묶이면 되레 해롭고
사랑도 갇히면 멍이 들어요.

의자

오랫동안 사용하여
뒤틀리고 삐걱거리는 의자를 본다

오랠수록 손때가 묻어 있어
버릴 수 없게 정겨운 것이라
덧대어 수선하여 다시 써보지만

앉았다 일어나는데
튀어나온 못이 옷을 꿰고
뒤틀린 심사가 여간 아니다

수소문하여 솜씨 좋기로 이름난 전문가를 찾으니
수리하기보다는 새로 구입하는 게 더 저렴하단다

의자 하나도
값으로만 따지냐 하다가
고집스레 낡아 가는 의자에 앉아
오늘도 제 역할에 굼떠 가는 나를 본다
생각이 몸을 앞서고 입이 먼저 열리는 나를.

극락의 눈물 외 1편

이 호 정

솜털 손녀가
노래 자랑에서
청춘가를 불러
상을 받는다

팔십 할아버지가
추억과 청춘 사이에서
극락極樂의 눈물이
흐른다

산악인이
지구의 용마루에서
국기를 꽂아 놓고
만세를 외친다

쇠가 강철 되는 순간
반야의 경지에서
무아의 눈물이
흐른다

빙상 선수가
올림픽에서
4차원의 공중 돌기를 하여

금상을 받는다

천백번 넘어져
선후천의 적응 사이에서
성취의 눈물이
흐른다

육상 선수가
올림픽에서
참선의 정신으로
금상을 받는다

백 리 길을 단숨에
기도와 평화 사이에서
하나 되는 눈물이
흐른다.

우박의 역사

말복과 입추 사이
서마지기 논밭에
우박이 쏟아진다

한 해 농사가
날벼락이라
농심은 애가 탄다

떨어질 때에는
홍역이오
녹을 때에는 뻔뻔하다

남풍과 북풍이 만나
새 세상을 얻었으면
이때의 이혼은 우박이다

인류 역사 6천년 동안
담 안엔 굶주림 담 밖은 살육
우박의 역사 헛되고 헛되도다

죽어야 끝나는
허무의 역사
나의 적은 나이니 미래가 없다.

강변역 포장마차 외 1편

임 규 택

경적에 신음하던 백열등이
포장 속으로 정겨움을 불러 모은다

마차는
수레바퀴가 가벼워 눈치가 없고
배차 시간이 없어 차표가 없다
들어서면 그곳이 바로 노선이요 길이다

환승의 잰걸음들이 쉬이 오르고 내릴 수 있어
훈훈함이 엄마의 품과 같이 넉넉하다
끼워 앉은 엉덩이 구수한 사람 냄새

남남이 낯설 바 없어
도깨비가 풀어내는 세상 사는 이야기
역사가 흐르고 넋두리가 쏟아지고
잃어버린 날들이 바람처럼 날아간다

내일이 아름다워야 할 꿈이 있어
날마다 낭만이 알을 낳고 떠나는 둥지.

가을 소묘

살아 숨 쉬는 모든 것들은
이때쯤이 안타까움의 시작이다
거침없던 볕살이 풀숲에 주저앉으니
순환의 다그침이 고추잠자리로 윙윙거린다
어쩌다 벌써 계절은 여기에 이르렀을까
서걱거리는 귓가에
소모의 탄식이 함께 울자 들어선다
유난히 짧았던 봄도
폭염의 열대야도
마음이 감사했음에 넘치는 날들이었다
비우고 내려놓고 나누자 했던 사무사思無邪….
또 한 번,
과수원지기가 되어
청명하고 높은 하늘을 이고
눈 오는 날의 이야기들을 따고 줍고 담아야겠다.

어디에만 있을까 외 1편

임 성 한

커다란, 말 잘 듣고 늠름한
누런 개 한 마리
여고 1년생인 이 집 딸과
마주 앉아 서로
쳐다본다

딸이 두 손으로 얼굴을 만져 준다
누렁이는 그 큰 귀와 털을
다 뒤로 젖히고 눈을
지그시 감고 꼬리를 약간
흔들면서 얼굴을 맡기고
행복해한다

딸도 점점 행복해진다
둘이는 서로 행복을 주고 받는다
마냥 행복하다
이보다 더한 행복이 이 세상
어디에 또 있을까

행복의 소통.

이루어진 셋

한국 프로골프 백몇십 개 대회만에 첫 우승컵을 차지한 남편, 아내는 아기를 안은 채 남편 가슴에 기대고 서로가 펑펑 울었다. 몸과 얼굴에 땀이 젖은 우직한 젊은 남편, 예쁘지만 좀 가냘픈 듯한 여성 어깨에 얹혀 있는 묵직한 아들, 셋이서 한참 동안 운다.

남자와 여자가 서로 몸이 섞여 왔고 아기도 셋 몸이 뭉쳐 왔다. 가난하지만 힘쓰며 살아온 식구들, 상금 6,000만 원이 그래도 세 식구가 똘똘 뭉쳐서 살아갈 식구들, 그렇게 앞으로를 나가려는 남편을 지켜가려는 모자들, 셋이서 몸과 마음이 합쳐져 있다.

어디서 왔는지 모르지만, 서로 맞아 어디로 가려는지 가고 있다. 한 세상 한 묶음이 자기 하는 대로 가고 있다. 분명히 스스로의 한 세상, 느낌이 분명히 가야 한다.

이 세상.

내 계절 외 1편

임 제 훈

늦가을 겨울은 깊은 계곡
그 엄청난 계곡의 눈보라
동상에 얼어터진 살갗은 돌덩이
이승 저승 갈림길에 팽개쳐져
겨우 훈풍의 지팡일 짚었네

태풍 폭양 열대야 참으며
천왕봉 기어 오르려
파아란 하늘만 찾아
풍뎅이처럼 열심히 날아 보았지만
돌무더기 야산 꼭대기에 앉았네

고속버스, 고속열차 수없이 드나들어도
내겐 차표 한 장 쥐어지지 않고
비포장 자갈길 황톳길뿐
멋나게 채색한 가을은 없고
눈발은 볼따구니 내리치기만 하네.

삶의 싹

영남 남부 무더위
중부는 물난리, 수해 복구
몸서리치게 했을 때
뒷마무리로 저수지 겨우
목마름 면하게 해놓고

폭양 내몰고 시원한 바람
몰아다 햇살로 막아 놓고
에어컨 꺼도 좋은 날씨
끓던 가슴 비우고 정신까지
진탕에서 맑게 꺼내 놓는다

사는 게 이리 맥 놓고
하늘복숭아 질펀한 향기
환영에 꼬리 달고 설치던 거
홀홀 몽실몽실 자란다.

초승달 외 1편
―정유년 정월 초사흘 초승달을 보고

임 향

누가 저리도 정교한 법구法句*를 걸어 놓았나

욕망의 늪
이 마음 예리한 달날에 삭둑 잘라 허공에 흩뿌리고
무심으로 달배에 올라
삼세를 유람하는 바람이 되리.

※법구: 부처님의 지혜로운 말귀

자연인 自然人

본래로 돌아가는 길
몸부림치는 사바의 삶
박차고 나서기 얼마만인가

뿌리 없는 나무
그림자 없는 그늘 아래
하늘을 지붕 삼아
없는 마음을 누이니

나날이 꽃 피고 지는
아름다운 세상
자유 바람 저절로 불어
소리 없는 풍경 노래 환희롭구나.

도시 가로수 외 1편

장 동 석

도시의 가로수에서
벙어리가 된 새 한 마리
세상이 두렵다는 듯
걱정스럽게 거리를 응시하고 있다

자동차 경적 소리가 내뿜는
소음을 삼키고
옛 기억을 더듬으며 살아간다

햇살이 쨍쨍거리고
밤하늘의 별빛이 총총 떠 있던
그 옛날이 그리워서인지
맑고 푸른 파랑새를 동경하기도 한다

사랑하는 사람과 이웃들이
개죽음을 당하는
이 세상이 무섭다고 소리치며
치를 떨듯 푸드득 날개를 털어댄다

하지만,
가로수는 매연을 삼켜도
아무렇지 않게 철따라 계절 옷을 바꿔 입고
정겹게 노래하며 살아간다.

그리운 내 고향

조상대대로 물려받은 묘가 있던
선산이 헐린 명당자리에
고층빌딩 숲이 들어서고
길쭉한 고속도로가 뻗어나가고 있다

그 옛날
느티나무 정자 한 그루 길가에 홀로 서 있고
별똥별처럼 밤하늘을 수놓던
반딧불이도 사라지고
뒤란 담장 밑 앵두나무마저 뽑혀 나간
그리운 내 고향 마을

엊그제 먼 친척뻘 되는
옆집 할배가 돌아가셨다는 전화벨 소리가
덤덤히 귓전을 울린다

동네 아이들끼리 모여
바짓가랑이 부여잡고 편을 갈라 씨름하던
옛 추억은 모두 다 떠나가고
하늘천 따지를 읊어 대던
서당 훈장님 호통치는 소리도 들리지 않고
적막한 바람만 스쳐갈 뿐

그 시절
마을회관 창가에 거미줄 늘어지고
동네 사람들이 옹기종기 모여
윷놀이하던 앞마당엔 무성한 잡초만 남아
빈 하늘에 수런거린다.

호미등 여인 외 1편

장|문|영|

칡넝쿨 같은
질긴 삶
고구마 줄기같이
얽힌 인연 거느리며
다리 둥둥 걷고
모심기하고
농사지으시던 여인

긴 앞치마 두르고
소여물 주며
바쁜 걸음으로
매캐한 솔가지 연기 마시며
장작 때서
가마솥에 밥 짓던 여인

시련의 아픈 젊음
등 굽은 호미등 되었네

기름 자르르한 머리결
곱고 푸른 젊음이
잿빛으로 물들었고
힘 잃은 흐릿한 눈동자
나뭇등걸 손

마른 논 같은 발뒤꿈치
진한 삶의 연륜이 눈에 밟힌다.

수선화

고달픈 긴 겨울
눈길 헤치며
연분홍 바람 따라
찾아온 님

샛노란 관을 쓴
눈부신 고운 자태
신비하고 경이로워라

애타게 그리는
간절한 마음 들켰을까
꿈결처럼
살포시 오신 귀한 님

꿈을 부풀게 하고
어둠을 밝히는 그대
곁에 오라 눈짓하네

가슴에 봄을 지펴 준
사랑스런 봄 연인
그대는 정녕
나그네 사랑이런가.

세종대왕 외 1편

장|병|민|

어린 백성
까막눈 뜨게 하고 먹은 귀 뚫어 다문 입 열고
자주정신 심어 인간답게 살 수 있도록
훈민정음 28자 만드심은,
민족정기와 찬란한 문화의 꽃을 피웠습니다

무지렁이
손과 가슴에 이성의 불 붙여 터득한 과학기술
농학 천문학 인쇄기술 화기제작 의학 아악 등
실용 혁명을 이루어 주심은,
우리 후손들 IT기술 온누리에 우뚝 섰습니다

자주국가
기틀을 확실히 한 부국강병책으로 국토 확장과
집현전 인재 양성으로 자주국가 초석 놓고
나라사랑 민족사랑 하심은,
유구한 역사 속에 길이 빛나리라, 큰 스승님.

봄비

잎샘 숨결 밀어낸 바람결
살금살금 내 품에 숨어들어
풀 향기 물의 미소 머금고
사뿐사뿐 다가오는 설렘,

희미한 가로등 불빛 아래
조곤조곤 언 땅 녹이는 소리
기지개 켜는 새싹들에게
보슬보슬 내리는 감로수,

온누리 파랗게 물들이고
살랑살랑 마음 설레게 하는
희색 빛 벗어던지는 소리
소록소록 봄 깨우는 몸짓

봄을 알리는 천성의 음악
파릇파릇 솟아나는 봄 소리
유난히도 밝아 오는 아침
촉촉이 내려라 봄이 온다.

양귀비 언덕

장 영 옥

언덕에는 양귀비가 피어 있다
수레국화는 제비깃털처럼 하늘거린다
6월의 양귀비 언덕이 얼마나 붉은지를
누군가는 기억하고 있을까
종달새의 노래와 꿀벌의 작은 웅성거림을
한 사람이라도 기억하고 있을까
오색 빗물이 방울방울 퍼져나간다
분홍색 양귀비는 노란 술을 꽃잎 속에 감춘 채
아름다웠던 지난날을 회상한다
언덕 위 초가지붕 높이 걸린 보름달
초여름 밤이 깊어지면
붉은 양귀비, 분홍 양귀비 눈을 뜬 채
달빛을 머리에 걸고 고요히 노래를 불렀다

행복이 현실에서 춤추다 사라진다 해도
지난해 언덕을 가득 채운 밝음은
시간의 영원한 웃음 위로 떠오른다
양귀비를 처음 보았던 반짝이는 풍경처럼.

떡잎 외 1편

장│인│숙│

촉촉한 땅에
씨앗을 심었다

발아를 위해 준비한 땅이기에
차분하게 기다리면 된다

기다림은
상상의 나래를 펼치고
꿈도
구름처럼 푸르게 부풀어 간다

그렇게 꿈을 꾸듯
몇 날 며칠이 지난 어느 날
푸른 두 잎이
이슬을 받고
땅 위로 쏘옥 올라왔다

땅속에서
두꺼운 껍질을 깨는
인고를 견디고
삶을 만나려는
생명이 경이롭다.

철이 든다는 것

철이 든다는 것
아파도 아프다고 말하지 않고
안으로 참아내는 것

슬퍼도 슬픈 표정 드러내지 않고
안으로 접어두는 한숨

철이 든다는 것
참는 법을 알아내고
참아서 이겨내는 슬기도
이겨서 인격을 석축처럼 쌓아 가는 것

어린애 같은 순수함은 없어도
그 순수함을 딛고
뿌리 깊고
가지 뻗어
훌륭한 큰 나무로 되는 것.

가을 그리고 · 11 외 1편

장│현│기│

쪽빛
깊은 하늘에서
찬
이슬이
내려

누우렇게 고개 숙이는 벼이삭이나
파아란 풀잎 끝에 매달려서
영롱하게 반짝이며
빛나고
가을바람
으스스 돌아가는 오솔길에서

보랏빛
들국화 쑥부쟁이 꽃들이
그윽한 향기를
풍겨 주네.

산사山寺에서

무섭게 쏟아져 내려 덮치는 원망스러운 졸음으로
고개를 꾸벅꾸벅 꾸벅이면서 몽롱해지는 정신을

큰소리
외치는 소리

어깨를 따갑게 아프게 내려치는 죽비
죽비 소리 죽비 소리 죽비 소리
큰 소리 외치는 큰 소리

번쩍
눈을 크게 뜨고

창문 틈새를 비비고 들어오는 향긋한 솔향기 마시며
마음 서늘하게 들어오는 솔바람 소리에 정신을 차려

마음을
고르고 있네.

어머니라는 이름으로 외 1편

전|병|철

처음부터 당신은 굽으시지 않으셨어요
오래된 고목도 수많은 가지에다
열매 맺고 꽃 피고를 반복해도
늘 그 자세 그대로인데

지금 당신 또한 항상 그대로의 모습인데도
지탱해야 할 기둥이 잠시 제자리를
세월에 양보하셨는지 조금씩 그 한계를 넘더니
어느새 종착지에 도착하셨네요

누구에게 당신의 소중한 삶을 빌려 줬나요
애초부터 당신의 중심은 내가 아니었나요
늘 도우며 살아라는 신의 계시인가요
그래서 당신은 이렇게 살아가야 하나요

양보는 미덕이요 축복이라고 하지요
스스로를 챙기시며 남도 예외가 아님을
터질 듯한 몸속으로 셀 수 없는 정을 담아
누구를 기다리다 결국엔 입을 여는 석류처럼

어머니라는 이름의 당신은 고귀한 숨결이네요.

젖으니

도움도 원치 않는다
아직 살아 있음에
움직인다는 것만으로도
얼마나 다행이더냐

출발점에 선
달리기 주자처럼
정해진 지점까지 달린다는
굳은 다짐으로

꼴찌면 어떠리
일등한다고 억수로 추대하더냐
욕심에 들뜬 배를 탄다면
구멍 난 물구덩이

잔잔한 호수에 춤추는
물수제비
이제 벚꽃은 눈뜨고
날뛰며 흠뻑 땀에 절었는데

누구도 수건 하나 건네주지 않구나.

산정소묘 山頂素描 외 1편

전 | 현 | 하 |

반도에 뻗은 정맥 하늘 향한 저 위용
한줄기 의연한 자태 울멍 울멍 이어지고
억겁의 비바람에도 변할쏜가 저 기상

솟아오른 봉우리는 땅끝까지 이어지고
해와 달 품어 안고 안으로 품은 태고
천지간 간직한 비밀 인고의 일월이여

바람 소리 새소리는 천상의 노래되고
천둥번개 우르릉 꽝 구름 타고 비가 와도
철따라 변하는 자태 화려한 활엽수여

산 아래 터를 잡은 고을고을 인정아
골마다 살아온 얘기 설화로 피어난다
자연의 섭리 앞에서 순리대로 살라 한다.

가을 편지

가을산 휘돌아서
나무를 튕기는 바람

우수수 낙엽 소리에
추억도 떨어지고

그 세월 푸르른 풍경
영혼 속을 오간다

한줄기 바람에
일어서는 물결처럼

내 가슴 언저리에
밀려오는 사람아

이런 날 막막한 심사는
뉘우침만 있구나

오늘은 어디에서
가을 하늘 보고 있나

아직도 하늘 저편
그리움이 쌓이는 너

이제는
순수 앞에서
지난 얘기 하고 싶다.

가을 편지 외 1편

정 동 수

가을 편지가 오네요
노랑 빨강 이쁜 엽서가
은행나무 단풍나무 아래
신방信防돌 밑에도 와 있네요

밤새워
신방돌 밑 귀뚜라미
가을 편질 읊는 소리

그 사연 너무 서러워
풀벌레도 따라 울고
갈꽃도 흐느끼며
떠나갑니다.

가을산 오솔길

송홧가루 흩날리는
옛날 걷던 오솔길
내 혼자 걸어가니
그때 그 소녀가 생각난다

산국화 송이송이 머리에 꽂아 주고
산머루 한줌 예쁜 손에 쥐어 주면
소녀는 부끄러워 낯 붉히고
송림 오솔길로 뛰어갔었지

접동새도 울어 주던 이별하던 그 오솔길
헤어지기 서러워 뒤돌아보던
눈물 젖은 그 모습이
나를 울린다 나를 울린다.

시간이 가네 시간이 오네 외 1편

정 득 복

시간이 가네
시간이 가네
햇빛 쏟아지는
세상의 들판에도
바람결에 흔들리는 나뭇가지에도
하늘을 떠도는 흰 구름에도
시간이 가네

시간이 오네
시간이 오네
산 넘고 물 건너
산골짜기 언덕에
새싹이 돋아나서
푸른 생명을 태어나게 하는
시간이 오네

시간이 가네, 시간이 오네.

역사가 아프다

육이오 한국전쟁이 민족상잔의 잔혹한 역사라서
가슴이 아프다
온 겨레가 남북의 전쟁으로 온 국토가 폐허가 되어서
가슴이 아프다
젊은 나이에 군인으로서 조국을 지키려 장렬히 전사하여
가슴이 아프다
전쟁으로 많은 전사들이 총상을 입고 피를 흘린 조국애에
가슴이 아프다
가족이 뿔뿔이 헤어지고 부모 형제 자매 모두를 잃어서
가슴이 아프다
공산군에게 북으로 납치된 동족들이 잔혹하게 학대받아서
가슴이 아프다
조국의 어느 산 어느 모퉁이에 아직도 묻혀 있는 혼백을 생각하면
가슴이 아프다
우리의 조국이 통일이 되지 않고 골육상쟁으로 날을 지새우니
가슴이 아프다
우리의 역사가 아프다
우리 모두가 아프다
나의 가슴이 아프다.

감나무를 보며 외 1편

정 상 열

툭
감 떨어지는 소리

나뒹구는 자식 보며
애써 태연한 척

어미 젖 빨다 떨어진
망아지 새끼 보듯

온종일 뙤약볕에
혀 빼물고 있다

당신의 모든 것
다 내주고

평생 자식만을 위해
살다 가신 어머니.

우리 집 그 여자

그 여자는 신기가 있는 듯
내 속을 빤히 알고 있다
일거수일투족마다
입에 단 잔소리

번개 같은 눈치에
황소고집
앞에선 천사 뒤에선 악마
머릿속엔 여우가 열 마리나 있다

감으로 살면서
나를 조종한다
아무리 벗어나려 애써도
부처님 손바닥 안
나는 그 여자의 노예.

고향 집에 가면 외 1편

정 순 영

고향 집에 가면 이른 아침 여명처럼
어머니보다 십 년쯤 일찍 돌아가신 아버지의 헛기침 소리가
안방 문을 열고 나와 댓돌마루에 잠시 앉았다가
빈 마당으로 나서신다
밤하늘에 유난히 빛나는 별이 되었다는 아버지는
달이 되어 고향 동네 돌담길을 밝히는 어머니 곁에 떠 계신다
고향 집 대청마루 사랑방 문기둥에는
회초리가 걸려 있고
길 나서는 댓돌 위엔 흰 고무신 한 짝이 가지런히 놓여 있다
황혼을 짊어지고 고향 집에 가면
사립문에 눈을 두신 어머니가
밤마다 달빛 정성으로 장독대를 닦아
연붉은 석류꽃 해맑게 피고
차를 끓이는 추억이 집안에 그윽하다.

동행同行

그리움이란

나의 삶 그릇에 당신을 담으려는 것처럼
당신의 삶 그릇에 나를 담으려는 것처럼
서로를 빙자한
욕망인 것이네

진정 아름다운 것은
바람 부는 인생의 오솔길에서 서로 부대끼며
앞서거나 뒤서지 않고
나와는 다른 생각을 나의 생각으로
나란히 그리고 천천히
함께 걸어가는 것이네.

말랑말랑한 것에 대하여 외 1편

정 애 진

묵은 감자의 싹을 도려내고 껍질을 벗긴다
이미 반 토막이 된 감자가 말랑말랑하다
제 몸의 일부가 싹이 되어 나간 그 빈자리가 말랑말랑하다 못해
어떤 것은 그리움으로 검게 멍들어 있다

말랑말랑한 것은 슬프다
강아지의 젖을 뗀 누렁이가 그렇고
공기가 빠져나간 오래된 풍선이 그렇다

지금 내게서
네가 빠져나가고 있다.

화인花印

단풍잎 따서
책갈피에 넣던 버릇
길가에 꽃잎 하나 따서
명함 사이에 넣었네

눈물 왈칵 쏟아내고
화석이 된 꽃잎

종이 한 장으로 왔다가
베고니아 꽃이 된 사람.

여명 외 1편

정영의

서산 언덕 달그림자 걸치고
햇살은 동편 바다 희미하게
바다와 어둠 사이 흐르고

만물의 힘을 돋우는 소리
아침 찬 기운이 서리니

기지개가 혈맥을 자극하여
희망의 즐거운 새 삶
힘찬 여명의 새날이 밝아 온다.

새 땅 낙원 이루도다

뭉실 구름 아름답게 온 하늘 수놓으니
먹구름 찾아와 우리 함께 놀자는데
비바람 함께 와 나도 함께 놀자 하니

먹구름 눈물 되어 하염없이 눈물지니
눈물이 빗물 되어 지상으로 하강하고
온 토지 흠뻑 젖어 새 생명 태어나니
눈물이 약수 되어 산천초목 반기는데

푸른 하늘 채색하여 뜬구름 장식하고
밝은 태양 우뚝 솟아 온 천지 밝게 비쳐
새 땅의 옥토 밭에 오곡 백화 만발하니
새 하늘 새 땅이 지상 낙원 이루도다.

추석 전에 외 1편

정│용│식│

저녁달이 도시 위로 숨소리 없이 떠 있을 때
무거운 발걸음으로 시골 저녁 고향 조그만 뒤뜰에 내리면
색깔나는 웃음 속에 돋아나는 여러 개의 비늘들과
대추나무 감나무 사이로
얼굴 있는 보름달이 선명하게 다시 떠오른다
작년에 버렸던 상처들조차 꽃이 되고 향이 되는
안으로 안으로 끌어안는
여름철 기억까지도
틈새에 끼여 바둥거리는데
다 자란 키만큼이나
장독대 위에 흐르는 달빛의 향기들,
간이역에 걸어둔 숨결마다
큰소리로 닳아 가는 가을을 자꾸만 흔들어 깨워 보는데
매년 이때쯤이면 잔잔한 걸음으로 다가오는 파도,
가슴 없는 딸처럼
눈으로 내린다.

새벽이면

산 넘고 물 건너 바위틈을 지나
등짝만큼 넓은 누나의 사계절이
책갈피 속에 꽂아 둔 사진처럼 누렇게 될 때
산골짝 시원한 꽃물을 길어
더운 냄새를 외우는 바람과 같이
맛깔나는 낙엽에 올라타는 센티멘탈한 햇빛과
산과 들에 기어코 잠들게 하는
누나의 내려앉는 웃음소리
모두 다 동이 트는 새벽에 서면 그리워지는데
아침이 되고서야 문득
머물고 있는 흉터가 남아 있는 걸 알았다.

인연의 날개 외 1편

정 정 순

무수한 옷이 옷장 가득
계절을 몇 번씩 넘겨도
한 번도 찾지 않는
버리기도 남 주기도 아까워
늘 못다 끝낸 숙제가 되는 옷

언제나 마음껏 버리고 살 수 있을까
"헌옷이 있어야 새 옷도 있단다."
어머님 말씀도 맞고
버리고 없으면 찾게 되니
망설이게 하는 묵은 옷가지들

마음에 들고 편한 옷은
늘 가까이 자주 만나고 싶은
성격 잘 맞는 사랑과 같고
입지 않는 옷은 멀어진 인연 같다

새로 만나기도 묵히기도 하는
의복이 날개 변신은 무죄
매일 어떤 옷으로 누구를 만나
칭찬받고 행복할까.

인생의 탑

내일이 오면
어제의 내일은 사라지고
머지않은 그날이 오면
흙으로 돌아가지만

태풍에도 흔들리지 않는 돌탑
작은 돌처럼
작은 경험이 쌓여
돌탑을 세웠네
마음속에 평화의 탑을 세웠네

산길을 걷노라면
하나하나 쌓인 돌이
탑이 되어 산을 지키고 있듯

내 인생길에
하나하나 탑이 된 책
내 서재를 지키고 있네.

그믐밤 외 1편

정│종│규│

별똥별 쫓다가 내려다본
깜장 구두코에 비친
내 누이의 눈썹달
이명耳鳴처럼
한땀 한땀 어둠을 깁는
날것들의 시퍼런 득음 혹은 울음
어스름 난전亂廛을 배회하는
피안彼岸의 그리움
섣달그믐보다 서러워
까만 근심 도리질 치는
구월 그믐께 밤
벽오동 조락凋落의 몸을 저미네.

반성

꺼져 가는 눈
사라져 버린 입
돌확처럼 굳어진 손
희끗희끗 야윈 그리움
오 오 이승을 등진 영혼들

내 너무 오래 지구별에 빌붙어 살았다.

향일암 외 1편

정주이

부딪쳐서 깨어지는 모래알처럼
침묵으로 가득 고인 갈증을
바닷속에 잠재우고

여울에 아롱진 미풍은
순수의 메아리로 곱게 익은
낭만 태우고 있고

동백꽃 향기에 휘감기는 추억이
새벽이슬로 촉촉이 옷깃 적신다

서산마루에 걸려 있던 물 그림자
너울 쓰고 달려와
활활 타오르는 열정의 입술 위로
포개 앉는다

주름진 산모롱이는
여유 한 자락으로 다리 놓아
노을 피워 놓고
시린 그리움 말리고 있다.

상흔

마음 자락 뿜어내는
연민의 발자국마다
눈물 고인다

그늘 속에 핀 그리움은
망울진 애잔함까지 끌어안고서
허우적대고 있고

시름 삼켜내던 상념은
침묵의 빗장 열고
드러눕는다

저 멀리
얼룩진 추억은
해풍에 휘청거리고

코끝 스치는 외로움은
자맥질하는 가슴속으로
울컥 침몰하고

풀어헤친 회한 조각들은
들썩거리며
시린 밤 달구고 있다.

시의 모습·5 외 1편

정│진│덕

강가에 나갔더니 혼자서 시詩가 흐르더라

밤하늘 올려다보니 별빛 하나하나 모두가 시어詩語더라

눈을 뜨면 세상엔 단 한 가지도 시가 아닌 것은
그 어디에도 존재하지 않더라.

애완견 짖는 소리

적막강산인 아파트에서 현관문 열면 위층 복도 계단 통해
개 짖는 소리 틈틈이 들려온다
생명체들이 살아가는 소리, 사람 사는 냄새가 난다

꼭 인형 닮은, 가슴에 끌어안고 다니는 애완견 주인은
DNA가 전혀 다른 엄마 아빠
허나 마치 친자식처럼 쏟아붓는 사랑 극진하다
주는 것만큼 돌아오는 결과, 이쯤이면 애완견보다
반려견으로서의 한몫을 톡톡히 감당한다

자식 정서 생각해 애완견을 입양했다는 용기 있는 6층 입주자
그 젊은 엄마 따라 위층 아래층 귀한 자식 둔 엄마들,
애완견 입양이 유행처럼 번졌다
십여 년간 한적하고 조용했던 아파트에 이젠 제법 개 짖는
소리 심심찮다

공원을 지나다 큰 나무 곁 흙바닥에 웅크리고 누워 있는
피골이 상접한 남루하기 그지없는 행려자를 보았다
하필 이럴 때
여름은 시원한 에어컨 겨울엔 따뜻한 방
새털같이 보드라운 담요 위 아님 가족들 무릎에 앉아
TV 보는 애완견이 왜 자꾸 떠오를까.

모정母情의 노래 외 1편

조 기 현

늘 의지하며 사는 푸른 동산
하늘은 나의 신앙이다
비틀거리는 망각의 기억에서
손잡고 가는 모정
떨리는 육체는 탱고를 두들기고
항아리에는
위락萎落의 가을이
영가永嘉로 앉는다.

여인상

한가운데
높이 솟은 산
해와 달이 뜨고
약수의 샘터
살찌는 사슴의 무늬가
예쁜 꽃으로
숲속에 꿈이 된다.

너에게로 외 1편

조 덕 혜

어슴푸레 먼동이 틀 즘
아직, 잠에서 눈도 뜨지 못한 채
몸만 뒤척이는 시각
마음은 벌써 달려가고 있다.
날 부르지도 않은 너, 너에게로

하루에도 몇 번이고
조심스레 다가가서는
가슴에 써 놓은 밀알들을
그냥 갖고 되돌아와
하얗게 야윈 허공에 띄워 보낸다

비바람에 흩날려
흘러가는 시공간에서
행여, 그 밀알 한 낱이라도
거름진 네 밭에 떨어져
새싹이 움틀 수만 있다면

나는 더 바랄 게 없는
하얀 눈꽃 세상 되리라.

쓸쓸한 봄비

겨우내 웅크린 채
세상은
꾸벅꾸벅 졸며 수신하면서
사이사이 꿈을 꿨어요

시간은 종횡무진
어느새, 봄 언덕에 얹혀 놓고
말라버린 각질들을 벗겨내라고
봄볕이 달려와 재촉하네요

봄비가 가랑가랑
머쓱하게 내리던 날
창밖에 목마른 노란 개나리는
슬프도록 봄비를 삼키고 서 있습니다

거기에 또 하나
내가 있음을 보았습니다
비에 젖은 노란 개나리로 서서
쓸쓸한 봄비를 몹시 사랑했습니다.

미워할 때 외 1편

조병서

살다 보면
누군가를 미워할 때가 있더라
그냥 짓이겨 밟아 주고
싶을 때도 있으나 그러나
망하라고 빌었는데 거꾸로 잘 되고 있으니
원한다고 모두가
이루어지는 것이 아닌 것 같다
복을 많이 타고난 사람은
아무리 억하심정을 갖고 저주를 퍼부은들
만복을 타고난 사람에겐
통하지가 않은 것 같으며
그러니 복이 강한 사람에겐
그 어떤 저주도
아무 영향을 미치지 않더라
마음이 복이란 말처럼
남에게는 항상 칭찬을 많이 하고
많이 베푼다면 자연스레 복을 받는 법
그러니 미워할 때보다 사랑할 때가
더 좋다 그러니 많이 사랑해야 한다.

백발의 천사

한세월 지나가니
다시 돌아오지 않는
구만리 청춘
지독한 가난을 대물림 않으려
평생 죄 짓지 않고
묵묵히 나라 위해 가족 위해
가난과 싸워 온 긴 세월
어느새 구시대 퇴물인 양
멸시와 외면에
할 말 잊은 백발의 천사들
영욕과 회한의 삶이 담긴
훈장인가 깊게 패인 주름살
바싹 마른 고사목 같은
검게 그을린 우리들의 부모님
보면 볼수록
노고와 흘린 땀방울에
감사드리면 안될까
박수칠 순 없는 걸까.

홍난파 상 앞에서 외 1편

조성학

늦가을 노을빛으로 매달린 홍시紅柹 되어
서러운 미소로 응시하는
작가 앞에서
옳게 사는 길이 무엇인가를 생각하노라
봉숭아
봄처녀
옛 동산에 올라를
콧노래로 부르며,
어릴 적
산골 마을에 해가 질 때면
낮에 나온 반달을
부르던
그 자유로
순수한 영혼을 기리며
눈물 괸
상 앞에서
그의 영혼을 위로하노라
아, 그 많은 유산을 민족에 남기고도.

적멸보궁 가는 길에

일곱 빛깔 눈에 가득
찬서리 호흡으로 느끼며
비로전毘盧殿 지나
적멸보궁寂滅寶宮 가는 길,
돌고 돌아 오르는 길
예와 다르다
곧
오리라던 길이 몇 해
신새벽 오가는 사람 없어
가슴으로 목탁을 치며
또 한 걸음,
적멸보궁 가는 길
오대산이 날 품었다
올 단풍이 가면
또 언제 보려나.

떠난 사람 외 1편

조 재 화

가을을 건너간 사람
혼자서 갔네

바람은 숨죽여 고요에 이르고
구름조차 숨었나
투명한 하늘이 섧다

해 어스름에 떠나간 사람
휘파람 소리 멀다

초승달 예봉에 꽂히는
뱃고동 소리

힘겨운 푸르름이
맑은 별빛으로 부서지네.

꽃으로 피는 아기

아가야 꽃으로 피는 아가야
사랑으로 자라는 아가야
너는 내 소망이었노라

네가 내게서 태동할 때
아찔한 현기증은
새로운 설레임이었노라

죽음과 맞부딪친 나락에서
너는 나를 일으킨 생명이었노라
아침에 솟는 태양으로
한낮에 자라는 나무로
저녁에 뜨는 보름달로
꿈속에서도 내 품에 내 등에 있었노라

이제 너는 새 가문을 여는 희망이로구나
가슴을 저며 네게 주노니
선혈의 씨앗으로 열매가 되어라

하얀 비단 옷이 새벽을 여노니
너희 몸을 하느님이 기뻐하시는
거룩한 산 제사로 드리라
이는 너희의 드릴 영적 예배다

믿음의 가정을 이룩하고
하느님께서 인도하시는 길을 따르라

꽃으로 피는 아가야
보람으로 이어지는 한 삶을
하늘을 향해 힘껏 날개를 펴라.

좌판 찻집 외 1편

조정일

새벽이 인사하기 전
채비를 차린다

시장 입구 문이 열리고
오가는 웃음들을 툭툭 친다

어쩌다 톡 떨어지는 동전 소리가
종이컵에 쏟아지는 선잠을 쫓는다

식은밥 한 덩이 앉지 못한
옹삭함은 이미 길이 나 있다

쪽거울에 붉은 색조가 야릇하게 그려질 때쯤
조잘거림에 세상만사가 비벼지고

무던한 계절은
쉼 없이 출렁거리며 흐른다.

쪽파

파란 들 한켠 바구니에 담아 와
겨우내 입었던 누런 옷 벗기면
드러난 하얀 속살

옛애기들의 손놀림 사이로 끼어들어
고개 끄덕 맞장구로 반쯤 벗은
봄 내음이 소복하다

소금 살살 뿌려 두었다가
양념으로 화장시켜
햇살 섞이도록 그늘 피해 자리잡으면
장독가 친정어미 곰살맞게 떠오른다

시침의 기울기가 길게 늘어지면
실한 놈 살짝 데치어 맛깔나게 단장하고
방그레한 미소가 문턱을 넘어오면
조신하게 똬리 틀고 식탁에 오른다.

시를 쓰는 나의 하루 외 1편

조혜식

나는 매일매일
여러 가지 책을 수북이 쌓아 놓고
읽고 생각하며, 쓰고 지우면서
시간을 보낸다

문득 거울을 쳐다보니
머리는 거의 다 희어지고
얼굴의 주름은 가로 세로로
나도 모르는 사이 많아졌으니
흐르는 세월은 잡을 수 없구나

우리 인생은 강물처럼
깊고도 머나먼 바다를 향해
쉬지 않고 흘러가는데
오늘도 난 열심히
시를 쓰며 시간을 보낸다.

창은 우리에게

맑은 창은
계절을 잊고 사는 도시인들에게
계절을 알리는 편지이다
여유 없는 가슴을
저마다 안고 살 때라도
창밖엔 계절이 다가온다

움트던 푸른 잎의 생명이
키 큰 플라타너스 나무 되어
시원한 그늘도 주고
쓸쓸히 날리는 낙엽 길을 지나
세상에 쌓이는 하얀 눈
유수라는 세월에 떠밀려
쌓여 가는 하얀 눈도 보게 한다

창은 우리에게
새로운 꿈과 생명을 느끼게 하고
아름다운 희망을 주고
우리네 인생을
깊이 반성하고 생각하게 한다.

눈물 외 1편

조 혜 자

사춘기, 사추기에도 남다르게 눈물이 많든 이 사람이
날이 갈수록 이상하게 눈물이 더 많아집니다
옛날의 어른들이 나이가 들면 눈물이 많아진다고 하시더니
그 말이 조금도 틀림이 없고 구구절절이 정녕 맞습니다
마음이 해이해지거나 모질지 못해 눈물이 흐르는 것만은 아닌 듯합니다
너무 감상에 젖을 필요는 없겠지만 때에 따라서는,
그동안 쌓인 상처와 아픔의 생채기와 불순한 것들을
걸러내는 아름다운 눈물은 꼭 필요하다고 생각을 합니다

맑은 물도 고이고 고여서 그대로 두면 마침내 썩듯이
오묘하기 짝이 없는 우리의 몸도 마음도 들어오면 내보내야 하는 것이 순리인 것을….
슬플 때 아플 때 소리 없이 흘러내리는 눈물은, 엄밀하게 말하고 정확하게 따지자면
우리의 마음을 더없이 깨끗하게 순화시키고 정화시켜 주는 어쩌면 귀貴한 명약이 아닐까요?

봄, 봄이 오면

봄, 봄이 오면
따사로운 햇살에
산고개 너머 어디선가 꽃망울 터지는 소리

새소리에
귀 기울이면
계곡 바위틈 사이로 흐르는 청아한 물소리

외진 마을
나지막한 산이 잔설을 이고
오누이처럼 둘러앉아 있지만

봄은 마침내
성큼 다가올 것이고, 금방 무르익어
산이나 들에 지천으로 이름 모를 꽃들이
다투어 피어올라 반가운 편지처럼
그윽한 향을 멀리 저 머얼리 띄울 것이다

인고忍苦의 세월 지나
이제 막 동토가 풀리고
기다리고 기다리던 봄, 봄은
반가운 손님처럼 올 것이다

너도 나도 우리는,
묵은 때는 모두 말갛게 씻어 내고
정갈한 몸과 마음으로 정성껏 맞아들이자
기다리고 기다리던 봄! 새봄을….

첫사랑 외 1편

지 종 찬

당신은 무슨 일로 날 찾아오시니까
낮이나 한밤이나 뜬금없이 불쑥불쑥
간신히 다스린 촛불 왜 흔들어 대시니까

언제는 떠나신다, 잊으라 하시더니
홀연히 눈앞에서 문득문득 서성이면
겨우내 잠재운 물결 어찌하란 말이니까

아무리 문 걸어도 제집에 드나들 듯
동서로 남북으로 시 때 없이 불어대면
날더러 흘러간 물살 되돌리라 하시니까

정녕코 그렇다면 뜻대로 하시구려
흉중에 흩어버린 봉숭아씨 헤아리며
지그시 입술 깨물고 못 본 척 잊으리다.

밤낚시

낚싯대 드리우고 어신魚信을 기다린다
이따금 헛챔질에 눈 비비는 고적한 밤
나직한 쑥국새 소리, 잘되는가 묻고 있다

어둠 속 은하에도 야광찌가 깜박인다
현등 켠 쪽배 하나 가는 듯 선 듯하고
사공도 내 맘과 같이 미르* 낚고 싶으신가

월척의 꿈에 들떠 길 떠나는 오만 시름
들바람 오며 가며 물고기 몰고 와도
수면에 어리는 불빛, 빈 살림망 채운다.

※미르: 용의 옛말

님, 그리운 밤 외 1편

진 진 욱

낙엽도 지고 새들도 뜸한 이 계절
그대여!
얼마를 더 기다려 주어야 돌아올 건가

젊음도 지고 기억도 멀건 이 한밤
그대여!
얼마를 더 부르고 불러야 대답할 텐가

기나긴 세월 어디서 무얼 하는지
그대, 그리운 님아!
별보다 많은 촛불을 켜면 돌아올 건가

하늘이 애써 오라고 손짓하지만
그대, 그리운 님아!
날개가 없어 못 가는 마음 헤아려 보렴

애절한 기도 소리 들리지 않느냐
기나긴 밤!
꿈속을 찾아 헤매도 그대 보이지 않네.

비와 함께

어제는 베란다에 홀로 앉아
가을비와 함께
밤새도록 울었다
빗물은 흘러 바다로 가고
바닷물보다 짠 내 눈물은
맥빠진 방황

떨어지는 가랑잎은 누구의
사연인가!
막차 같은 바람에 우—
앞다투어 내려서는 촉촉한
가랑잎들이 부러운 밤
님은 어디에!

사랑한다고 고백할 때
받아 주지 못한 죄
밤바람에 떨고 있던 그
따스하게 안아 주지 못한 죄
변명이 없어서
머리 싸매던 바보

불보다 뜨거운 게 사랑인 줄
돌려보낼 때부터 알았지만

가슴 타고 있었지만
먼저 사귄 한 여인
떼어낼 길 없어
매정하게 보냈네, 님을 보냈네.

아리랑·1 외 1편

차경섭

1.
등잔불 호롱불에 물레배틀 울었건만
홍두깨 방망이도 사라지니 이혼 많고
촉박한 다듬잇소리 언제 다시 울리런지

2.
청산에 초금 소리 일렁이니 상큼하고
길고 긴 강줄기는 뭇생명을 살찌우니
이 한밤 벌레 소리는 별빛 타고 흘러라

3.
억새꽃 피는 골에 들국화도 피런만은
해종일 기다려도 기쁜 소식 하나 없고
엘리뇨 이상기온에 너나없이 시달린지

4.
크나큰 날갯죽지 꺾인 듯한 황혼 인생
짓궂게 어여쁜 봄 왔다 해도 기쁨 없고
어제의 피끓는 젊음 세월 따라 간 곳 없어라

5.
세련된 관능미가 잘잘 흐른 여인 세상
만남과 헤어짐을 떡먹듯이 하건만은
지금도 지고지순한 현모양처 분명 있어라.

아리랑 · 2

1.
순풍에 배 탄 듯이 가진 자는 재물 쌓건만
세상사 무정하고 인생사는 요사로워
지금은 발상의 전환 도전정신 절실더라

2.
제야의 종소리는 또 그렇게 애닲건만
푸른 강 물소리는 예와 같이 흥겹기에
무에서 유를 창출한 인간 창의 끝은 없고

3.
기름진 옥토에는 풍년가도 부르기에
벽골재 쓸어안은 만경평야 보배롭고
야삼경 계명 소리는 또 그렇게 환희여라

4.
여름날 뙤약볕도 때가 되면 기가 죽고
메밀꽃 일렁이는 두메산골 아름다워
잘 여문 알밤송이는 자궁 열고 순산하는지

5.
천고의 가을바람 불어불어 쓸쓸해도
들녘엔 오곡백과 땡글땡글 구슬 같고
우리의 신토불이가 몸에 좋아 값지다더라.

어떤 장터 외 1편

차 주 성

한낮의 열기는
무릎까지 더웠다

좌판에 붙어 있는 삶의 티끌을 보느라
고개는 쉴 틈이 없고
등허리에 매달린 아우성
외면하지 못하고

목을 길게 늘어트리고
기웃거리며 가는 무리들

가난한 주머니 움켜쥔
슬픈 짐승이 어디 사슴뿐이랴.

강변에 서서

아름다운 유년의 꿈 하나
미련 없이 잊었노라
두근거리며 가슴을 쓸어 담던
사랑도 잊었노라

나의 이웃 나의 세상에서
내 아내와 내 자식들
그리고 자식의 자식까지
그리움 가득 담아 보듬고 살겠노라

흐르는 세월 한 블록 붙잡고
단단히 뭉친 외로움 한 덩어리
강 건너 산 넘고
바다를 바라보며 잊고 살겠노라.

나를 지배해 주시오 외 1편

채|규|판

언어의 교합을 즐기면서
꾸준하게 달라지는
밀방의 모음이여

현혹되지 않는 유혹 때문에
나는 즐겨
유혹의 지대에 갇힌다

어제와 과거의 찌꺼기와
어울려 나뒹굴 바가
옛적이라고 하는 것들의
촌락에서
싫도록 운다

붓이나
손짓을 휘둘러 색채를 만들어 보기도 하지만
황망히 돌아서 버리는
미망의 갈채
갈채는
나의 소유가 아니다.

향기

청과물 시장에서
만난
무척 오랜만에 만난
친구의 손등에서
볼 수 있는 일이다

그 작은 계집아이의
가르마에
얹힌
나비처럼
하늘거리는 모습이다

가을보다 높이
날아오르는 것인지
확인할 수는 없지만
시공의 틈새마다
끼어들고 있는
거울의
희디흰 속살이다.

수선화 외 1편

채|동|규|

경복궁 연못 안에
수줍은 수선화 피네

소년의 아름다운 착각인 양
요정 같은 수선화 피네

환경이 하도 수상하니
철 지난 수선화도 피네

이곳에도 저곳에도 피네
연못에도 많은 송이 피네

아! 피곤한 나르시스
자기도취의 환멸이여.

우리의 소원

주님
효율이 뒤진다면
능률이 없다면
생산성이 감당되어지지 않는다면
그 원인을
생각해 보게 하소서

주님
모아지는 아픔을 모르는
버려지는 손실이 있다면
뻔뻔한 낭비가 있다면
그곳을
조심스럽게 돌아보게 하소서

주님
우리에게 축복을 주소서.

동제사 외 1편

채 | 명 | 호

뒷산에 동제만당
내가 살던 고향인데

아직도
동제할까
음복으로 돈육 몇 점

귀 시린
눈 오던 아침
제주 정성 보인다.

소통疏通

청솔에 시린 눈을
털어줄까 그냥 둘까

한참을
망설이다
귀를 열고 물어본다

가만히
들려옵니다
그냥 두면 좋겠다고.

해운대 해변 외 1편

채 수 황

푸른 바다 물 떼가
큰 날개로 활짝 펴고

앞서고 뒤에 서서
산처럼 몰려 온다

먼 길 힘겨워
헐떡이는 해변
하얀 파도가 노을 속에
허기진 수포로 부서진다

수평선에 붉은 태양
바다를 물들인

황혼의 옷자락으로
해운대를 싸안는다

낮과 밤 사이를 잇는
외로운 기러기
어둠 속에 빛나는 내일의 노을을
캐내고 있다.

민족의 하늘

어두운
암흑 깨고 펼쳐진 하늘
아침
바다와 찬란한 만남
이어라
아
거대한 우주와 화합
이루었나
초롱한
눈빛으로 뭉친 네
모습
영원히
높고 푸른 대한민국
기상일레.

산정호수 외 1편

채 행 무

명성산 높은 정기 한몸에 담아
기암절벽 베개 삼아 누워 있는 산정호수

폭포의 운무화 봄을 알리고
수상 분수놀이에 삼복더위 물러가요

가을 억새꽃 훨훨 떠나는 소리 타고
가을도 떠나갑니다

한겨울 얼음 빙판 썰매 타고 스키 타면
한설북풍 물러서네

일, 월, 성좌 몸에 품고
대자연 수를 놓는 산정호수
바위틈에 허리 굽은 늙은 노송
짙은 솔향 솔솔 호수 위로 날려주고

사시사철 우리를 부르는 산정호수
물 맑고 경치 좋은 아름다운 산정호수.

노을 바다 서해

서산 넘는 고운 해 남겨준 선물
아름다워라 저 고운 선율
경이로워라 노 젓는 무지개
찬양하여라 대자연 경이로움을

서해안 찰랑찰랑
무지개 노 저어 가요
황혼 젖은 노을빛 바다

출렁이는 서해바다 고운 선율
갈매기 맴을 돌며 오르락내리락

이 대자연 산출하신 여호와여
찬양 경배 받으소서.

침실 외 1편

천 | 난 | 경 |

피곤에 찌든 몸뚱어리
뉘어 보니 알겠네
향수 몇 방울 적신 몸뚱어리
던져 보니 알겠네

여기가 바로
우주의 태胎, 시발점이었다는 것을
나의 생명, 근원이었다는 것을
깊은 어둠에 잠겨 보니 알겠네

별빛, 달빛, 교차하는 동안
어설픈 사랑 노래 부르는 동안
저 들판의 봄풀처럼
무수한 생명들이 꿈틀거렸다는 것을
이제야 알겠네

한 사람, 기다림이 있고
허공에 울려퍼지는 기도가 있고
영육 결합된 사랑이 있다면
초라한 공간이면 어떠리

나, 살아 숨 쉬는 동안
솔로몬 사랑한 술람미의 침실같이

단장해 가리라
뜨거운 숨결 느끼며 행복에 젖으리라.

가을, 청소부

낙엽 뒹구는 거리
쓱쓱, 비질하는 남자
외면할 수 없는 시선
그의 곁에 머문다

누구를 위하여
고단한 삶을 쓸고 있는 걸까
씁쓸한 추억, 눈물을 쓸고 있는 걸까
모자 눌러쓴, 뒷모습
참 여유롭고 평화롭다

온종일, 왔다, 갔다 하는 빗자루에
손 흔들며 지나가는 아이들
맑은 눈동자가 걸린다

이른 새벽부터 거리를 헤맨 구도자求道者
그 뒤를 따라가면서
마음속, 낙엽들을 쓸어 본다
케케묵은 탐욕들을 쓸어낸다

스산했던 길이 빛난다
명결明潔하게 마음도 빛난다
파아란 하늘이 머물며 웃고 있다.

담론

최 광 호

오후 5시가 되면
세상사 지친 나는
종로1가 커피숍에 달려간다
저마다 젊은 날
가슴에 꽃 같은 훈장을 추억 속에 담은 늙은이 모여
하루 해를 지운다

은행원, 건축인, 저술가, 정치인, 가수,
시인과 어우러져
세상사를 쓴 커피에 설탕 타듯이
정치, 경제, 문화, 세상의 거대 담론을 내뱉는다
문재인이 어떻고,
박근혜가 어떻고,
실속 없는 정치 이야기
아무런 이득도 없는 고성으로 혈압을 올린다

하루 해가 서산으로 기우는 일몰을 맞이하면
이내 종로 골목집에서 동태탕을 안주 삼아
대통령 박근혜, 국정을 팽개친 대낮 행방불명 된 7시간을 양념으로 뿌리며,
 소주를 퍼마신다
 참으로 알 수 없는 7시간

직무정지된 대통령 박근혜

  청문회와 헌법재판소의 탄핵심판은 동태 국물을 더욱 우려 낸다.

다보탑 곁에서 외 1편

최 상 호

10원짜리 동전 들고 자하문 그늘에서
외손자는 다보탑을 이리저리 살피다가
돌사자
찾아내고서
동생 손을 이끈다

아직은 불심을 깨닫지 못할 나이
대웅전 불상 앞에 무릎 꿇은 아버지를
가만히
어깨 짚고서
눈높이를 맞춘다

불국정토 소망하는 어린 합장 지켜보는
불국사 솔숲 사이 다람쥐들 오가다가
가만히
두 손 모은 뒤
탑이 되어 서 있다.

동네북

1.
아무나 칠 수 있는 신문고도 아니면서
뭇 생명 다스리는 법고도 아니면서
기상청
날씨예보는
너도 나도 두들긴다.

2.
지난해는 붙여 쓰고 다음 해는 띄어쓴다
오래전은 붙여 쓰고 방금 전은 띄어쓴다
맞춤법
지키지 않는
출판사도 두들긴다.

3.
작대기 꼽아 두면 금배지도 굴러오고
거시기한 장단이면 화합이고 소통인데
영호남
모듬 북 치며
한 목소리 두들긴다.

찔레꽃 향기처럼 외 1편

최│영│순│

있으라 하니 있었던
그림 같은 반도의 산자락에
한 시절 엉클어졌던 찔레꽃 향기는
온 산야를 순결한 백의로 품어 안고

부르튼 우리의 여정은
잠시 고단한 길들을 내려놓고
온통 찔레 향으로 자지러진다

한때 무정한 회오리로 일어섰던
서로의 아픈 가시들
살별이 맺힌 응어리는
아직 겨울 찔레로 붉게 타고

가이없는, 잊었던 모정의 터전은
청아한 하늘을 풀어 놓고서
다시 백의의 향기로 둘러앉아
천년만년 욕심 없이 살고지고

있으라 하니 있었던
그림 같은 반도의 산자락에
한 시절 엉클어졌던 찔레꽃 향기처럼
그렇게 또다시 엉클어지고….

양지처럼

아직 햇살이 고르지 않아
우리의 찬 강물은 두만강 쪽으로 흐르고
허덕이는 짐수레들
살얼음판 언덕길은 숨차다

사슴 목 시린 나목의 숲
성에 낀 눈시울이 목숨으로 젖어 오면
어느 달무리 진 바람벽 앞에서
작은 햇살 한 줌씩 밀어 넣고 나면
강물도 춤사위로 절로 어깨 붐비리니

멀고도 따뜻한 인연의 틈새로
한번 왔다 가는 우리들의 생애

저마다 불려 온 바람 솔기는 달라도
너와 나의 과꽃 같은 만남 있어
비록 기약 없이 헤어지는 길일지라도
그렇게 서로를 살아가는 모듬 살이들이
양지처럼 자글자글 따뜻하고

어느 날 강을 건너서면
기다렸다는 듯 마주 잡는 손이 있어
이승에서 산 보람이 더 높은 곳으로 향하는

나, 아직 하늘의 이치 아둔하지만
그저 그렇게 믿고 살라 하지 않는가
양지처럼 자글자글 살라 하지 않는가.

풍경 소리 외 1편

최 | 완 | 욱

얼마나 울어야
내 안의 나
일깨울까

죽비와 같은 바람
온몸을 때려도
깨침의 소리
멀기만 하다.

기억 · 4
— 평행선

함께 가는 즐거움보다
만날 수 없는 아픔이
그리움 된
하나 아닌 둘의
몸짓.

추억 외 1편

최 | 용 | 대

가을 바닷속에는 다시 한 번 가고 싶은 피피섬
추억의 바닷길도 있죠

가을 냄새 속에는 언젠가는 돌아가고 싶은 고향 집 풀냄새도 있죠

가을 하늘가에는
벌써부터
하얀 양떼구름 닮은
그리움이 손짓하고 있죠

이번 장날에는
여름내 그을렸던 얼굴을 감추우려면 모자도 사고

여름내 발랐던 선크림을 지우며 들여다볼
예쁜 손거울도 사고

그대에게 보낼 엽서두 열댓장 사러
장에 가볼까나요

구월과 함께 온 가을이
어느 날
훌쩍 자란 꼬맹이 딸들 녀석처럼

묵묵히
마당 한켠을 지키던
누구 집 감나무처럼

늘 곁에 있었지만
어느 날
갑자기 느껴지는 존재감의 대명사 되어

가을은 이렇게
구월과 함께
시작되어지고 있네요.

어머니

바람 따라왔다
바람 따라가는
계절이라 해도
이별 예감 이리 서늘한데

어머니 한평생
아들 반평생이 지났지만
아직도
그 냄새 그립건만

이 세상에서의 인연
지나온
세월 속 수많았던 기억들
이제
추억 속으로
보내야 할 것 같은
불안한 예감 때문에

길게 느껴지는 병원 복도를
지난밤도
지금도
서성이며 애타는 마음으로 불러보는
어머니

이승의 이별은
이렇게 슬프고도
가장 아름다운 이별이더라지만

성모 마리아님!
더디 오게 하소서
그 걸음을 조금이라도 멈추어 주소서.

사월 어느 날 외 1편

최│유│진

산능선 위에 바람이 인다
내 유년의 봄바람이
타임머신을 타고 그리움으로
일렁이면

몽환을 깨우는 듯
바람결에 들려오는
연둣빛 숨소리
자작나무 흰 피부에 사월의 율법을
각문刻文한다

수액이 상승하는 나뭇가지처럼
나에게도 서서히
봄이 오는 걸까
저 은은한 설레임 속에
나도 한 점 바람으로
떠돌고 있는 걸까

산심山心의 미소처럼
보일 듯 보일 듯
들릴 듯 들릴 듯
그렇게 흐르고 있는 걸까.

눈꽃

눈꽃이 피면 내 마음에도
은색의 고운 꽃등을 달고 싶다
지고지순至高至純의 아름다움으로
내 영혼을 가지마다
환하게 달고 싶다

어느 밝은 눈이 있어
어둠 속에서도 저토록
넓은 화폭을
모두 다 칠했을까
명가의 대작을 자랑이라도 하듯
여명의 휘장을 살며시 열며
새벽이 왔구나

화폭 가득 그리움이 번져 간다
내 마음의 등불도 더 아름답게
조도照度를 조정한다

눈꽃이 곱게 핀 겨울 아침엔
두 손 모아 기도를 드린다
맑은 영혼으로
저 순수의 계단을 오르고 싶다고.

차茶에게 외 1편

최 정 수

일상의 숨 가쁜 순간마다
그대가 주는 여유로움 있어
하루를 도약한다

마른 몸 탕수湯水에 맡겨
우러난 그대의 혼
내면으로 다가와
아우雅友가 되는구나

그대의 성숙한 깊이만큼
투명한 마음 간직한 채
깨어 있는 차의식茶意識

겸애兼愛의 삶을 살게 하는
그대로 인해
한 가닥 비상飛上을 펼치는가

천년의 살신성인殺身成仁
그대를 잊지 않고 간직하리.

마음의 평화

오랜 세월
다심茶心에 각인된 먹구름 몇 조각
다관茶罐 깊숙이 넣는다
탕수湯水도 어둠만큼이나 흔들린다
서방정徐放錠※ 같은 약효가
차로 서서히 녹아내리면서
온몸 가득 뇌리를 엄습한다
어지럽고 혼미하다
그러다가
조금씩 다정茶精들이 되살아나고
오심다기吾心茶器 속
파란 새싹들이 반짝인다
나를 굳게 감싸고 있던 긴장된 하늘도
한바탕 시련을 지나
살아 있음의 세상으로 성큼성큼 다가온다
신기한 일이다
역경이 있어 다사茶事가 아름다운가

한순간 고마움도
방하착放下著인 것을.

※서방정: 아세트아미노펜 같은 약효가 8시간 지속되기 위해 서서히 방출되는 것을 말함.

이름 없는 들꽃에게 외 1편

최 정 순 ^{博川}

천둥 비바람과 싸우며
날밤 새워 낙화 위해 핀
아무도 알아주지 않는
이름 없는 너
독기 어린 향기 품고
찬 이슬에 고개 숙이다
서리 맞아 떨어진다고
가슴 뜯으며 울지 마라
누군가의 발길질
어느 누가 던진 돌
머리통 산산이 깨어져도
너 사랑하는 나 있고
너의 씨 산화하여
새봄 맞으면
사지 넓게 펴고 활짝 웃으며
이 산 저 산 향기 가득하리라.

알밤

대수술 받은 이듬해
거동 순조롭다며
뒷산 올라 버섯 따고
밤 주워 가루 만들어
손수,
전 부치고
수제비 뜨고
튀김 만들어
몸 좋아진 것 같아 좋아하면서
철없이 먹어치운 불효자식
저승길 마지막 선물이었네
산길 지나다
떨어진 아람 밤송이 보니
아버지 생각에
차마 줍지 못하고
그냥 지나치네.

할머니의 벽 외 1편

최│진│만│

회색 담 난간
단조로운 겨울
한 노파가 세상을 등지는 곳이 있었다
늙어 가는 쓸쓸함을 받아 낸
햇볕 따스한 블록 담장
브레이크 없이 살아오신 아흔 할머니
어깨 받쳐주던 담벼락,
그 벽의 난간 평화로울 때가 있다

봄바람 쓸어 담은 사월이 가고
그 해바라기 담장을 다독이는 담쟁이넝쿨
벽을 꽁꽁 동여맨 실핏줄에서
피멍 눈 깜박이던 새싹들
어느덧 여린 다섯손가락 펴,
연보라 건반을 두들기는 오페라
아흔둘 하늘 가신 고부랑 할머니
90도 난간에서
다섯손가락 떨리는 손뼉 소리.

K님에게

붉거나 노란 단풍으로 늙을지라도
상처 입은 동백꽃잎처럼
쓰린 마음으론 지지 마세요

꿈을 저버리지만 않는다면
한 사람쯤!
가슴 깊이 간직하고 사는 것도
늙어 약해지는 생生을
지탱할 불씨를 놓치지 않는 것과 같아서,
활짝 핀 장미꽃은 아닐지라도
늘 봄싹 같이 행복하겠지요

저 또한,
불편한 장미 가시가 아니라
오래오래 소중히 키울
꿈 하나 있어,
행복한 시월이라고
나에게
말할 수 있으면 좋겠습니다.

다테야마 알펜루트를 가다 외 1편

최 | 현 | 희

겨울 폭설이 자주 내리기로 유명한
도야마 지역 일본 알프스 다테야마
구로베 협곡을 따라
크고 작은 41개의 터널과 22개의 다리
산과 산 사이를 관통하는 협곡을
전동기차와 도보, 고산버스와 케이블카로
2,400미터 고산으로 올라가 내려오는 알펜루트는
순간마다 느껴지는 새로움

맑은 광천수가 솟아나는 이즈미노
연간 120만 명 이상 방문하는 이곳
영화 '꿈'의 촬영지로 유명하고
유유히 돌고 있는 물레방아
일본 특유의 고풍스러움과
서구풍의 분위기가 어우러져 있는
북알프스.

수녀 데레사

서울 도봉산 끝자락
수녀 '데레사'가
지키고 있는 임종의 집

20년 동안 이 집에서
350명의 의지할 데 없는 노인이
수녀의 곁에서
죽음을 맞았다

오늘도 췌장암 말기
진단을 받은 91세 할머니의
손을 잡고 속삭인다
모든 것을 내려놓으세요

75세가 되도록
중증환자와 함께 살고 있는
요셉의 집 수녀 데레사.

명동 여자들 맵시 외 1편

최│홍│규│

겨울 세 달 동안기를 마친 L시인이
봄맞이 가자고 전화해서 이르다고 하니
토 달지 말고 명동 '그 커피'에서 만나잔다
명동은 미아동과 방배동의 중간이다
봄맞이를 왜 명동에서 하느냐고 물으니
묻지 말고 창밖의 거리 풍경을 보란다
그렇구나 벌써 봄이 왔구나
옷차림에 드러나는 명동 여자들 맵시
그렇게 멋있게 어울릴 수가 없다
봄은 명동거리를 걷는 여자들에게서 온다

지난겨울에 유행한 길고 두터운 패딩코트를 벗고
엷은 코트 자락과 실크 머플러를 펄럭이며
짙은 화장과 개성미 넘치는 헤어스타일
모양과 색깔이 다른 모자 또는 선글라스를 끼고서
디자인이 특이한 높고 낮은 구두를 신고서
가슴을 활짝 펴고 활기차게 걷는 여자들
그들은 아름다움 자체이며 트렌드 프리세프트리스
샤를르 보들레르의 시 〈아름다움〉*의 한 귀절이 떠오른다
"나(아름다움)의 당당한 모습 앞에서
시인들은 힘들게 시를 쓰면서 세월을 보낸다."

※Charles Baudelaire(Français, 1821-1867) "La Beauté"

한반도의 봄

오늘은 입춘이다
입춘대길立春大吉 근하무술신년謹賀戊戌新年
한반도의 봄은 한반도 남쪽 끝섬
마라도馬羅島에서 입춘 무렵에 시작하여
제주도를 거쳐 한 주일만에 남해안에 상륙
다시 한 주일 더 걸려 추풍령을 넘는다
또다시 한 주일만에 서울에 도착한다

봄은 서울부터 더 빠른 속도로
휴전선에서 일단정지 없이 논스톱으로 달려
닷새 만에 평양에 도착한다
중국 황하黃河에서 불기 시작한 봄바람이
압록강을 건너 이미 평양에 도착하여
서울을 떠나 달려오는 봄을 기다리고 있다
이렇게 한반도의 봄은 따뜻하고 평화롭다.

경계境界 · 1 외 1편

추 경 희

내가
태어나지도 않았던 1960년
어느 시인은

까치 한 마리 울고 간
빈 하늘을 쳐다보며
미칠 듯 고독해했다

날카로운 이지 앞에
처절한 토악질을 반복했을
시인은

지금
내게
무엇을 말하고 있는가?

한 편의 시詩가 두렵다

함부로 헐어버린 적 없는
경계境界에서 오는 고민
나는
생각의 선이 두렵다.

경계境界 · 2

처음부터 알았던 것은 아니다
철이 없을 때
시를 많이 써야 한다는 것을

나쁜 시는 어디에도 없다
시는 좋고 나쁨이 아니라
깊이의 차이다

철이 없어 보지 못한 것은
죄인이 아니다
시간이 지나고 나면
용서되는 일

이미 어른이 되면
완벽한 두려움이 몰려와
생각의 깊이를 가늠하기 더 힘들다

시는
나이테를 만들어 가듯
보이는 시간만큼 풀어내는 것이다.

바다 그 속에는 외 1편

표 애 자

고요한 바다 그 속에는
삶의 이야기가 들락거린다
생존경쟁을 위한 꿈틀거림이 있고
먹이사슬이 요동치며
험악한 태풍이 가끔씩
바닷속 밑바닥까지 왈칵 뒤집어 놓아도
모두를 감싸안고 말이 없다
썩어 냄새나는 탐욕들이
물 위로 둥둥 떠오르고
고달픈 삶이 파도에 밀려 넘실대며
온종일 줄다리기를 해도
바다 그 속에는
어머니의 기도가 있어
모든 허물은 치마폭에 감추고
속울음 간간이 토해내며
언제나 말이 없다.

유월의 향기

정지된 삶이 있다
바람에 녹아 있는 젊은 병사의 땀
깃발처럼 솟아 있는 저 나무의 수액 되어
고동치는 백마의 꿈을 지켜내고 있다

지금은 평화로이 흐르는 저 강물에도
피비린내 흥건하던 한민족의 눈물이,
잔인한 '이데아*'는 사나운 짐승처럼
젊은 청년의 하이얀 목덜미를
갈기갈기 물어뜯고 납덩이보다 무거운
새벽을 유랑하며 이 땅을 유린했다

내 어미를, 사랑스런 내 누이를 위해
청년은 붉은 심장을 안고
이리의 포화 속으로 뛰어들었으리

찢기고 할퀴어 쓰러지고 또 쓰러져도
일어서고 다시 일어서며
사랑하는 내 어미와 철없이 맑고 고운
내 누이의 땅을 지켜내었으리

해마다 유월이 오면
국화 향기보다 진한 애국의 향기가

빛도 없이 이름도 없이 쓰러져 간
어린 병사의 묘지 위로 하이얀 풀꽃 되어
향불처럼 피어오른다.

※이데아: 이념

가뭄 외 1편

하 성 용

갈라진 농심
손바닥 길이 만큼이나 패이고
흙먼지만 날리는
밭고랑은
시름시름 중병을 앓고

가마솥 더위 속에
뻘겋게 달아오른
금봉산 소나무는
투명하게 알알이 부서져
재가 되어 떨어지고

이슬 먹은 바람은 아롱아롱
코끝을 간질이며
한 발짝 다가오니
설렘에 환한 웃음이
가슴을 따뜻하게 데운다.

목계 별신굿

목계나루 지나서
물안개 사이로
아롱아롱거리는 곳에
둥실둥실 떠 있는 여우섬

가물가물 잊혀져 가는
수곡선이 드나들던 시절
끌패들의 땀 흘리는 소리에
인심이 넘쳐나던 곳

무심하게 흐르는
물살이 세고 막 흐르는
막흐레기 여울 소리
별신굿으로 승화되어
귓가에 잔잔하게 맴돌고 있다.

가을 향기 외 1편

한 빈

맑고 청정한 가을 하늘
들녘은 노랗게 물들어

계절의 바뀜을 느끼듯
세월의 흐름도 보이고

가을에는 국화의 향기로
님의 침묵을 깨우기 위해

후비는 가슴속에
님의 향기를 영원히 담으며

가을의 향기처럼
이제 나 님의 향기를
국화꽃에 피워 보리.

천시의 진달래

천시를 잊은 채
앙상한 가지에
외로이 피어 있는 꽃

인간의 삶처럼
인고의 세월을
견뎌 보려

뜨거운 정열과
향기를 풍기며

홀로 피어 누굴
맞이하러
천시를 잊은 채

잘록하니
가느다란 줄기에
모질게 견뎌내며

너의 침묵에
가는 세월
뒤돌아보지도 말고

잘록한 자태의 무색함에
나의 시야는
눈물로 바라보노라.

시그널 외 1편

한 승 민

하얗게 머리칼로 나타나는 것

눈은 뿌예지고 소리는 아득해지고

피부에 무수히 흐르는 실개천
끝없이 쓸려 내려 홍수가 져도
바라볼 수밖에 없는 것

그만 먹으라 사라지는 이빨

동물적 본능도 희미해지고
자벌레를 닮아 가는 몸

어느새,
먼 옛날 할아버지 모습이 비치네.

그 산기슭

산속에 사람이 산다는 증거

직사각형 적벽돌 건물

원래, 아무도 없던 그 산기슭

그곳에 젊은 가슴들이 섰다

반짝 빛나는 다이아몬드

너는, 거기에 또 하나의

빛나는 역사로 새겨지고 있다.

산 외 1편

함지은

산은 왜 그곳에 있나
내가 가니 그곳에 있다

평생을 헤매이며 가엾은 영혼
닦고 닦아 깨우쳐
한 그루 나무라도 좋으리

지난 세월 지혜 되어
모진 번뇌 일상 버리고
뭉게구름 되러 간다

산이 왜 그곳에 있나
나를 기다려 그곳에 있다.

이별

님이 가니
따라서
나도 간다

세월 가니
지금껏
무엇하였나

서러움이
어디
이뿐이랴

그저
모두
놓아 버리면 될 것을.

닮은 꽃 외 1편

허 만 길

하얗게 탐스러운
꽃사과 꽃송이
누군가를 닮았을까,
그대 웃음이었네

연보라 하늘하늘
라일락 찐한 내음
누군가를 닮았을까,
그대 향기였네

부드럽고 고운
영산홍 붉은 열정
누군가를 닮았을까,
그대 사랑이었네

푸른 동백 옆에 끼고
진달래, 사철나무, 앵두나무, 느티나무
화려하게 어우르고
이보다 더 아름다움 있으리오
이름 모를 신비로운 한 줄기 꽃이여,
숨어서도 다소곳이 나만을 바라보았네,
그대 아리따운 눈매였네.

강화도 나들이

전등사 대웅전 오름길
쓸쓸한 한겨울에도
오직 한 송이 노란 민들레
석가불 미소로 온갖 중생 반기려는
아픔의 법열인가

동막 겨울 해변
휘몰리는 안개 바람
모래알은 차갑고
뉴질랜드 미선베이 초겨울 해변처럼
무엇이 괴로워
가랑비는 이리 따가운가

황산도 밤바다
휘황한 초지다리
군데군데 어둠 속
정겨운 불빛

호젓이 창가에 기대어
애타게 눈길 주어도
비구름 속 외로이 웃고 있을 달빛은
끝내 나를 보지 못하네
끝내 나를 보지 못하네.

메밀꽃 환한 날 외 1편

현 종 길

별꽃 같은 꽃들이 반짝인다
그 꽃무리 사잇길로 샘물 길어 오시던 어머니
어머니 붉은 손이 내 눈에 겹쳐 온다

은하수 같은 꽃잎에서 엄마의 맥박 소리 들린다
"죽음보다 더 무서운 건
다스릴 수 없는 혀와
사람의 그림자가 보이지 않는 것" 이라던
맥박의 마지막 소리 머—언 수레바퀴로 구른다

순간 귀를 세우고 하늘을 본다
가을 강물로 흐르던 햇살이
은빛 화살촉같이 내 심장에 내리꽂히던 날
말동무가 멀어진 내 철없던 날
그날 어머니 목소리 메밀꽃밭 속에서 들린다

그 꽃밭에서 메아리 없는 어머니를 불러 본다
흰 꽃잎처럼 피었다 지워지는 얼굴
꽃밭 저 산비탈에 동그란 집을 짓고 누우신 어머니
오늘 나는 몸을 낮춰 어머니를 만난다.

뒷모습
— 사진

대청마루 댓돌 위에
흰 고무신 한 켤레가 나란하다
환히 열어 놓은 마루 뒷문 저쪽으로 가신 듯
꿈속인 양 꽃길 같은 어둠이 깊다

오래 걸었던 길처럼 저만치에서 바람이 분다
어디서 왔다 어디로 가는지도 모른 채
미로처럼 거미줄 같은 꿈속
밤 내내 가슴속을 파고든다

어디쯤에서 만나야 할 그 문일까
발을 탁탁 털고 문턱을 새처럼 넘어가신
흰 고무신을 신은 아버지 뒷모습
달꽃에 가려져 차가운 그 어깨

늘 등 뒤로만 보이던 또 하나의 얼굴
장서長書 같은 뒷모습에 등 기대고 앉아
그 페이지 넘길 때마다
흰 고무신 그 그림자에 달빛 담긴다.

확인된 사랑 외 1편

홍 계 숙

햇빛 좋은 날엔 몰랐습니다
아름다운 목소리로 노래할 땐 몰랐습니다

인연의 땅에 함께 심은 꽃
순수의 빛깔과
뿌리의 깊이를 몰랐습니다

저절로 자라서 꽃을 피우고
저절로 흔들리며
향기 내뿜는 줄 알았는데

아니었네요
아니었네요
지극정성 가꾼 마음 때문에
상처 없는 꽃잎 유지할 수 있었네요

화창한 날엔 몰랐습니다
우울의 빗방울 가끔씩 떨어질 때
한 송이 꽃을 향한 당신의 사랑
확인할 수 있었습니다.

슬픈 뉴스

유명 시인이 높고 높은 계단에서
발을 헛디뎌 추락했다는
뉴스로 세상이 시끄럽다

한 계단, 한 계단 오르기도 힘들지만
바람 부는 그곳에 홀로 서서
중심 잡기가 더욱 어려운가 보다

유명해지겠다는 허영심
조급한 마음
살며시 내려놓았다

무명 시인이면 어때
시가 좋아
시를 사랑할 뿐

오늘은
갱년기로 되돌아간 듯
온종일 얼굴 화끈거렸다.

편지를 쓰련다 외 1편

황 조 한

창밖에
떨어지는 낙엽은
나무가 흙에게 보내는
편지가 아닐는지….

오늘은 사랑한
아들의 면회 가는 길
비와 낙엽으로 축하
편지를 쓴다

살아온 날들보다
살아갈 날들의 위해
우산을 씌워 주고
격려의 편지를 쓴다

우리들의
막둥이를 위해
살아가면서 끝이 보이지
않을 때 너 곁에서
우리들의 편지를 쓰련다.

유월의 사랑

초록의 산을 보고
나무를 보느냐
숲을 보느냐
그 사람 마음먹기에
달라지지 않겠니

새들도
노래하는지
우는지
알 수 없는 것
그 사람 느끼는 대로
알겠지요

그녀가
꽃을 닮은 것이 아니라
꽃이
그녀를 닮아
이리도 어여쁘다

그대에게
울지 마라 하지 마라
외로우니까 우는 것
사람이기 때문이다.

한국시인연대상 운영에 관한 세칙
한국시인연대 제14대 임원

한국시인연대상 운영에 관한 세칙

1. 시상 일시
   본상은 매년 1회 5월에 시상하는 것을 원칙으로 한다.

2. 심사위원
   ①본상의 심사위원은 6인 이내로 구성한다.
   ②당해년도의 본 협회 회장단 및 사무국장은 심사위원이 될 수 없다.
   ③심사위원은 회장단과 사무국장의 협의를 거쳐 회장이 위촉하며 수상자 결정까지 그 명단을 공개하지 않는다.

3. 수상 후보자
   ①수상 후보자는 문단 등단 10년 이상인 분으로서 심사 대상 기간 중 창작 시집을 간행한 분을 대상으로 한다.
   ②본상을 수상했던 분은 다시 수상 후보자가 될 수 없다.

4. 수상 대상 기간
   기간은 각년도 1월부터 12월까지 1년 동안으로 한다.

5. 수상자 선정
   ①수상자는 약간 명으로 한다.
   ②수상자는 심사위원 전원의 합의에 의해 결정하며 합의되지 못할 때에는 다수결로 할 수 있다.

6. 시상

   수상자에게는 본협회 소정의 상품과 상패를 수여한다.

7. 기타

   본 세칙은 1993년도부터 시행한다.

(사)한국시인연대 제14대 임원

회　　장　최홍규崔鴻圭

고　　문　채규판 오칠선 장현기
　　　　　정순영 이진석 박근모
　　　　　우성영

부 회 장　김성일 박현조 이근모
　　　　　이명우 홍계숙

중앙위원　권영주 박건웅 지종찬

이　　사　강용숙 공정식 김영돈
　　　　　김옥향 박연희 朴英淑
　　　　　안숙자 오낙율 이한식

한강의 영언

초판발행/ 2018년 3월 30일
지은이/ (사)한국시인연대 최홍규 외
펴낸이/ 김명덕
펴낸곳/ 한강출판사
홈페이지/ www.mhspace.co.kr
등록/ 1988년 1월 15일(제8-39호)
주소/ 서울시 종로구 인사동길 5, 408(인사동, 파고다빌딩)
전화 02) 735-4257, 734-4283   팩스 02) 739-4285

값 38,000원

ISBN 978-89-5794-397-7 03810

※저자와의 협약에 의해 인지는 생략합니다.